Examens de l'OCDE sur la coopération pour le développement : Danemark 2021

OCDE

DES POLITIQUES MEILLEURES
POUR UNE VIE MEILLEURE

Cet ouvrage est publié sous la responsabilité du Secrétaire général de l'OCDE. Les opinions et les interprétations exprimées ne reflètent pas nécessairement les vues officielles des pays membres de l'OCDE.

Ce document, ainsi que les données et cartes qu'il peut comprendre, sont sans préjudice du statut de tout territoire, de la souveraineté s'exerçant sur ce dernier, du tracé des frontières et limites internationales, et du nom de tout territoire, ville ou région.

Merci de citer cet ouvrage comme suit :
OCDE (2021), *Examens de l'OCDE sur la coopération pour le développement : Danemark 2021*, Examens de l'OCDE sur la coopération pour le développement, Éditions OCDE, Paris, *https://doi.org/10.1787/45373b35-fr*.

ISBN 978-92-64-65906-3 (imprimé)
ISBN 978-92-64-83364-7 (pdf)

Examens de l'OCDE sur la coopération pour le développement
ISSN 2309-7140 (imprimé)
ISSN 2222-7938 (en ligne)

Avant-propos

Le Comité d'aide au développement (CAD) de l'OCDE procède à un examen des efforts de coopération pour le développement de chacun de ses membres tous les cinq à six ans.

Les examens par les pairs réalisés par le CAD ont pour objectif d'améliorer la qualité et l'efficacité des politiques, programmes et systèmes de coopération pour le développement et de promouvoir la conclusion de partenariats de qualité au service du développement afin d'obtenir un impact accru sur la réduction de la pauvreté et le développement durable dans les pays en développement. Depuis 2021, les examens par les pairs réalisés par le CAD mettent en avant les bonnes pratiques et les pratiques innovantes, et proposent des solutions face aux principaux défis auxquels sont confrontés les membres autour de plusieurs thématiques sélectionnées, en recommandant des améliorations. Cet examen est le premier à suivre cette nouvelle approche. Il passe en revue l'approche du Danemark face à : l'action climatique, l'articulation entre action humanitaire, développement et recherche de la paix, la pratique du développement autrement, et la prise en compte des considérations relatives à la réduction de la pauvreté, aux droits humains et aux inégalités.

La Direction de la coopération pour le développement (DCD) de l'OCDE apporte un soutien analytique à chaque examen et est chargée d'élaborer et d'adapter, en étroite concertation avec le Comité, la méthodologie et le cadre d'analyse sur lesquels reposent ces examens.

Après la soumission par le membre examiné d'un mémorandum exposant les principales évolutions intervenues dans sa politique, son système et ses programmes, le Secrétariat et deux membres du CAD désignés comme examinateurs se rendent dans la capitale du membre afin de s'entretenir avec des responsables publics et des fonctionnaires, des parlementaires ainsi que des représentants de la société civile, d'organisations non gouvernementales et du secteur privé. L'équipe d'examinateurs se rend ensuite sur le terrain pour rencontrer les représentants du membre examiné et des responsables et des représentants à haut niveau de l'administration du pays ou territoire partenaire, ainsi que des parlementaires, des représentants de la société civile, du secteur privé et d'autres partenaires au développement. Les conclusions de ces consultations et un ensemble de recommandations sont examinés lors d'une réunion formelle du CAD, avant la finalisation du rapport.

Dans le cadre de l'examen par les pairs consacré au Danemark, un vaste processus de consultation a été mené avec des acteurs et des parties prenantes au Danemark, au Kenya et en Somalie. En raison de la pandémie de COVID-19, ces consultations ont pris la forme d'entretiens virtuels. Le rapport découlant de ce processus et contenant les conclusions et recommandations a été discuté lors de la réunion du CAD de l'OCDE tenue le 1er juillet 2021, au cours de laquelle des responsables à haut niveau du Danemark ont répondu aux questions et aux commentaires formulés par les membres du Comité.

L'examen par les pairs a pris en compte le contexte politique et économique du Danemark, dans la mesure où ce contexte détermine ses politiques, ses systèmes et ses programmes en matière de coopération pour le développement.

Remerciements

Les examens par les pairs du Comité d'aide au développement (CAD) remplissent une double fonction d'apprentissage et de redevabilité. Le présent rapport – qui contient les conclusions et recommandations de l'examen par les pairs – est le fruit d'un vaste processus de consultation et d'examen qui a duré six mois. Il a été élaboré par une équipe d'examen composée de pairs examinateurs issus de l'Autriche (Wolfgang Lapuh, Ministère des Affaires étrangères, et Gertraud Wollansky, Ministère de l'Action pour le climat) et de la Finlande (Ramses Malaty et Suvi Virkkunen, Ministère des Affaires étrangères). Au sein de la Direction de la coopération pour le développement (DCD) de l'OCDE, Mags Gaynor a été désignée analyste principale pour l'examen, aux côtés de Claudio Cerabino, Analyste (junior) des politiques, de Cushla Thompson, Économiste/Analyste des politiques (spécialiste des crises de fragilité), et de Karin McDonald, Analyste des politiques (spécialiste de l'anti-corruption). Autumn Lynch a apporté une aide logistique et s'est chargée de la mise en forme et de la production du rapport. Le rapport a été élaboré sous la supervision de Rahul Malhotra, Chef de la division Examens, résultats, évaluation et innovation pour le développement. Susan Sachs en a assuré l'édition dans sa version originale en anglais.

L'équipe tient à exprimer sa reconnaissance pour leurs précieuses contributions aux diverses divisions et unités de la Direction de la coopération pour le développement – notamment la division du Financement du développement et le Partenariat mondial pour la coopération efficace au service du développement – et de l'OCDE, en particulier la Direction de l'emploi, du travail et des affaires sociales ; la Direction de la gouvernance publique ; le Département des affaires économiques ; la Direction de l'environnement ; le Centre de développement ; et le Réseau de mesure des performances des organisations multilatérales. Les soumissions écrites d'une sélection de partenaires du Danemark ont aidé à cibler et à enrichir l'examen, y compris une soumission écrite complète de Globalt Fokus, l'organisation de coordination de la société civile du Danemark.

L'Examen par les pairs consacré au Danemark a bénéficié tout au long du processus du concours dévoué des représentants du Ministère des Affaires étrangères. L'équipe d'examinateurs remercie également l'Ambassadeur du Danemark au Kenya et en Somalie et son personnel d'avoir favorisé des contacts fluides avec les parties prenantes locales et apporté documentation, informations et soutien logistique.

Table des matières

INFOGRAPHIES

Suivez les publications de l'OCDE sur :

http://twitter.com/OECD_Pubs

http://www.facebook.com/OECDPublications

http://www.linkedin.com/groups/OECD-Publications-4645871

http://www.youtube.com/oecdilibrary

http://www.oecd.org/oecddirect/

Abréviations et acronymes

APD	aide publique au développement
CAD	Comité d'aide au développement (OCDE)
COP15	15ème Conférence des Parties à la Convention-cadre des Nations Unies sur les changements climatiques
COVID-19	Coronavirus (SARS-CoV-2)
DDD	Pratiquer le développement autrement
GCF*	Fonds vert pour le climat
HDP*	Humanitaire-développement-paix
IFD	Institution de financement du développement
IFU*	Fonds d'investissement pour les pays en développement
MAE	Ministère des Affaires étrangères (Danemark)
MCEU*	Ministère du Climat, de l'énergie et des services publics (Danemark)
OCDE	Organisation de coopération et de développement économiques
ODD	Objectif de développement durable
ONU	Organisation des Nations Unies
OSC	Organisation de la société civile
PIB	Produit intérieur brut
PPTE	Initiative en faveur des pays pauvres très endettés
PSF*	Fonds pour la paix et la stabilisation
RNB	Revenu national brut
UE	Union européenne

Signes utilisés :

DKK	couronne danoise
USD	dollar des États-Unis

Les chiffres étant arrondis, les totaux ne correspondent pas toujours exactement à la somme de leurs composantes.

* Sigle dans la langue originale

Taux de change annuel moyen : 1 USD = DKK

2013	2014	2015	2016	2017	2018	2019	2020
7.35	7.33	7.31	7.08	6.87	6.77	6.66	6.66

Résumé

L'examen par les pairs 2021 consacré au Danemark, conduit par l'Autriche et la Finlande, revient sur les engagements, les réalisations et les opportunités du Danemark dans quatre domaines : l'action climatique ; l'articulation de l'action humanitaire, du développement et de la recherche de la paix ; la notion de Pratiquer le développement autrement (Doing Development Differently, DDD) ; et l'intégration de la lutte contre la pauvreté, de l'approche fondée sur les droits et du principe consistant à ne laisser personne de côté. Ce rapport examine un certain nombre de questions systémiques relevant de ces quatre domaines. Des informations supplémentaires sur les politiques, les dispositifs institutionnels et les systèmes de financement et de gestion du Danemark sont incluses dans un aperçu de la coopération pour le développement dispensée par le Danemark et le profil de la coopération pour le développement du Danemark. Le rapport, qui présente une série de recommandations du CAD à l'intention du Danemark, dresse bilan de la mise en œuvre des recommandations formulées dans l'examen par les pairs de 2016. Il en ressort que le Danemark a pris des mesures pour donner suite à l'ensemble des recommandations du CAD, sept de ces recommandations sur 18 étant désormais intégralement mises en œuvre.

Le Danemark demeure attaché à la coopération pour le développement et voit ses partenariats et ses engagements internationaux pour le développement comme partie intégrante de sa politique étrangère et de sécurité, ce qui contribue à servir ses intérêts tant nationaux qu'à l'étranger. Une stratégie portant à la fois sur le développement et l'action humanitaire pour 2017-21, Le Monde à l'horizon 2030, recueille l'adhésion d'une majorité de partis danois, tout comme le budget stable et substantiel de l'aide publique au développement (APD) du Danemark, qui est resté égal ou supérieur à 0.7 % du revenu national du pays depuis 1978.

La gestion de l'APD danoise relève de la responsabilité du ministère des Affaires étrangères (MAE), ce qui s'avère utile pour assurer la cohérence au sein de l'administration et un continuum dans l'évaluation de la qualité et de l'éligibilité des programmes financés par l'APD. L'approche du Danemark à l'égard de la concrétisation des Objectifs de développement durable a évolué depuis le dernier examen, avec la mise en place de mécanismes formels de coordination. La façon dont les politiques nationales, s'agissant notamment du commerce et des migrations, influent sur les pays en développement est mieux comprise. La politique danoise consistant à réduire les migrations irrégulières a pesé sur les dotations d'APD, avec des conséquences tant positives que négatives.

Le Danemark collabore avec succès avec d'autres acteurs de la coopération pour le développement, en finançant des initiatives conjointes, en s'ouvrant à différentes approche et en nouant des alliances dans le but d'influencer les politiques et les programmes. L'attachement du MAE à la transparence, à l'apprentissage, à la réflexion et aux partenariats est largement apprécié. La volonté du Danemark d'apporter des financements aux budgets centraux des partenaires et à utiliser leurs systèmes donne auxdits partenaires les moyens d'agir et leur offre une marge de manœuvre substantielle pour donner corps à leurs approches. Le Danemark équilibre son engagement en matière de partenariats par un engagement en terme de plaidoyer. Il n'hésite pas à se faire entendre et adopter un positionnement critique vis-à-vis de ses partenaires ou des autorités de ses pays partenaires, en s'appuyant en cela sur des données factuelles. Dans le droit fil du profil mondial du Danemark, le MAE investit des ressources importantes en vue d'exercer son influence sur les débats et institutions multilatérales.

Les thématiques du changement climatique et des migrations irrégulières ont pesé sur l'approche danoise de la coopération pour le développement au cours de la période examinée, ce qui traduit l'attention politique portée à ces questions. L'orientation géographique du Danemark est marquée par une moindre présence en Afrique australe et en Asie au profit du Sahel et de la Corne de l'Afrique. Cette réorientation géographique et thématique du Danemark est liée à l'intérêt croissant qui est porté aux contextes fragiles, notamment à travers la mise en œuvre d'activités relevant de l'articulation entre action humanitaire, développement et recherche de la paix.

Le Danemark a été le fer de lance de politiques ambitieuses au regard du changement climatique, qui s'appuient sur une forte impulsion politique et un attachement aux processus d'examen et d'apprentissage. L'action pour le climat n'est que récemment devenue une priorité dans le portefeuille de ses activités de coopération pour le développement. Sur le plan stratégique, le Danemark a dans le passé davantage orienté son action sur l'atténuation du changement climatique que sur l'adaptation à ses effets, et procède actuellement à un rééquilibrage entre ces deux objectifs. Le Danemark pourrait faire plus pour intégrer les objectifs climatiques dans les initiatives qui existent déjà et pour établir des rapports clairs sur ses contributions aux financements climatiques internationaux. En sus de ses financements, le Danemark a massivement investi dans la diplomatie climatique auprès des organisations multilatérales et les économies émergentes. La mise au point de nouvelles solutions technologiques par le secteur privé danois dans des secteurs comme l'énergie éolienne et le transport maritime aura des effets transformateurs à moyen et long terme sur les pays en développement.

Le Danemark est considéré comme un leader mondial dans les contextes fragiles, et s'est fait très tôt le fer de lance des efforts déployés pour établir un lien entre les partenariats pour le développement à long terme et l'action humanitaire. Reconnaissant la nécessité de conjuguer l'action pour le développement, l'action humanitaire et la recherche de la paix et l'importance de les relier entre elles lorsque cela est nécessaire, le Danemark a mis au point un ensemble de mécanismes au sein de l'administration afin de fournir des financements pluriannuels prévisibles. Le Fonds pour la paix et la stabilisation qui combine ressources au titre de l'APD et ressources hors APD en est l'un des principaux. Il a permis au Danemark d'appliquer un modèle coordonné pour la gouvernance et la programmation relatives à l'articulation dans son ensemble avec les ministères concernés. Le soutien à la prévention des conflits s'est régulièrement accru au cours de la décennie écoulée. Les progrès réalisés jusqu'ici donnent au Danemark une base solide pour élaborer une approche cohérente à l'échelle de l'ensemble de l'administration et au niveau des bureaux locaux, et pour mettre à profit les enseignements tirés de l'apprentissage pour lui-même et pour les autres parties prenantes. Il existe des possibilités d'utiliser de façon plus cohérente les approches axées sur l'articulation au sein du système danois et en dehors.

Grâce à ses budgets souples, à ses missions décentralisées et à ses partenariats fondés sur la confiance, le Danemark a pu introduire une série de réformes et d'orientations dans le cadre d'une approche visant à pratiquer le développement autrement (Doing Development Differently, DDD) pour permettre à ses programmes et à ses partenariats de gagner en agilité, en réactivité et en coordination. De nouveaux cadres de planification pour le Burkina Faso et le Kenya, par exemple, définissent une ligne d'action stratégique et présentent un budget indicatif tout en laissant aux équipes pays une marge pour adapter le cas échéant les décisions de programmation. Des analyses par pays et des systèmes de remontée de l'information solides au sein du système danois sous-tendent ces réformes, et le nouveau processus annuel d'examen du portefeuille ainsi que les groupes de contact jouent un rôle central. Un processus continu de suivi et d'apprentissage, de même que l'expertise technique, joueront un rôle clé pour procéder à des corrections de trajectoire dans le cadre des programmes et des portefeuilles d'activités. L'approche, bien conçue, peut aider le Danemark à renforcer son efficacité. À ce stade précoce, toutefois, l'approche nécessite des ressources considérables. Le suivi continu de l'approche pour pratiquer le développement autrement (DDD), l'apprentissage étant compris comme un résultat en soi, aidera le personnel à décider où il convient de concentrer les efforts, et aidera les responsables à affiner cette approche au fur et à mesure de son évolution.

Le Danemark a une réputation solide en tant que défenseur de l'égalité entre les sexes et des droits des femmes, de la démocratie et des droits humains. Son approche de la réduction de la pauvreté et du principe consistant à ne laisser personne de côté est moins clairement articulé qu'il ne l'était dans le passé. Une déclaration de politique spécifique, alliée à des orientations claires et à un suivi régulier pour mieux appréhender comment sont distribués les bénéfices et les risques inhérents à telle ou telle intervention permettrait de pallier la tendance qui consiste à postuler un impact nécessairement positif sur le niveau de pauvreté ou sur l'inclusion. S'il est conçu avec soin, le ciblage de plus en plus marqué imprimé par le Danemark sur l'action climatique et sur la création d'emplois et l'amélioration des compétences dans les contextes fragiles pourrait apporter une contribution durable à la lutte contre la pauvreté et à l'inclusion sociale.

Les ambitions du Danemark d'assumer un rôle de leader et d'influenceur à l'échelle mondiale, de tirer les leçons de ses programmes et de s'affirmer en tant que partenaire réactif et flexible sont dépendantes de l'adéquation du personnel et des compétences. En outre, l'attention accrue portée au changement climatique et à l'action dans les contextes fragiles requiert des compétences et un savoir-faire nouveaux. Le MAE s'applique actuellement à rétablir ses effectifs, à dresser un bilan des compétences existantes, et à tester des solutions alternatives à l'expertise interne, en faisant appel par exemple aux services de tiers. Le ministère doit toutefois montrer qu'il peut assurer le contrôle de qualité et la fonction d'analyse critique dont il a besoin pour formuler et adapter ses politiques, ses programmes et son portefeuille d'activités.

La prochaine stratégie de coopération pour le développement du Danemark, prévue en 2021, offre l'occasion de renforcer le rôle de la coopération pour le développement pour soutenir les intérêts à long terme du Danemark. Le fait de présenter l'attention portée au changement climatique, aux migrations irrégulières, aux contextes fragiles et à l'engagement de faire reculer la pauvreté et de promouvoir les droits humains comme une ambition unique, même si elle est complexe, donnerait au Danemark un cadre robuste pour la prise de décisions et viendrait déjouer la perception actuelle selon laquelle ces priorités entreraient en concurrence.

Recommandations du CAD à l'intention du Danemark

1. Afin de fournir un cadre robuste pour la prise de décisions, la prochaine stratégie du Danemark en matière de coopération pour le développement et d'aide humanitaire devrait :

   - renforcer l'importante contribution que la politique et les partenariats en matière de coopération au développement apportent à la poursuite des intérêts à long terme du Danemark, tout en préservant l'intégrité de son aide publique au développement

   - inclure des critères qui permettront au Danemark de concentrer ses ressources sur un nombre limité de priorités stratégiques et de renforcer les liens entre ces priorités

   - préciser dans quelle mesure la coopération pour le développement et l'aide humanitaire dispensées par le Danemark sont censées contribuer à la réduction de la pauvreté et à la lutte contre les inégalités.

2. Afin de formuler et de mettre en œuvre les objectifs stratégiques du Danemark dans un contexte d'action publique complexe et interconnecté, son ministère des Affaires étrangères devrait continuer de rétablir ses effectifs et de renforcer les compétences et les connaissances nécessaires à son action.

3. Pour protéger sa crédibilité en matière d'action climatique, le Danemark devrait veiller à la transparence de son système de notification des financements climatiques internationaux.

4. Fort du solide soutien politique apporté par le Danemark à l'action climatique, son ministère des Affaires étrangères devrait produire des orientations stratégiques pour :

   - permettre aux ambassades et aux partenaires de faire concrètement progresser l'action climatique et d'en assurer le suivi à travers des politiques et programmes humanitaires et de développement

   - identifier et exploiter les synergies entre les interventions bilatérales et mondiales du Danemark concernant le climat.

5. Le Danemark devrait mettre à profit sa vaste expérience et amplifier la mise en œuvre de son approche axée sur l'articulation en :

   - reliant et intégrant davantage le volet de l'articulation consacré à la paix à l'échelle mondiale comme au niveau des pays, y compris dans ses interventions par le biais, entre autres, du Fonds pour la paix et la stabilisation

   - contribuant à combler, en particulier au niveau des pays, les déficits en matière d'analyses conjointes, de coordination et de stratégies communes de financement entre les Nations Unies, les banques de développement, l'Union européenne et d'autres organisations bilatérales, notamment en apportant un soutien au système des coordonnateurs résidents des Nations Unies

   - investissant dans l'évaluation de ses travaux sur la mise en œuvre de l'articulation et en partageant les enseignements dégagés au niveau de l'ensemble de son système national avec les autres membres du CAD et les organisations multilatérales.

6. En sa qualité de fervent défenseur de la gestion adaptative, le ministère des Affaires étrangères du Danemark devrait continuer de conjuguer prévisibilité des financements et programmation adaptative, en conférant au personnel en poste dans les pays partenaires un rôle important en matière de planification et de partenariats et en mettant en place des processus pour favoriser l'apprentissage interne.

7. Pour être sûr que le Danemark tienne son engagement stratégique de réduction de la pauvreté et de lutte contre les inégalités, après avoir articulé ces éléments, son ministère des Affaires étrangères devrait formuler pour son personnel des orientations qui définissent des exigences claires, applicables à toutes les entités administratives concernées, et suivre de façon rigoureuse

la contribution des politiques, partenariats et programmes à la réduction de la pauvreté et des inégalités.

8. Afin de préserver sa réputation de défenseur engagé des droits humains et d'acteur du développement obéissant à des principes, le Danemark devrait prendre des mesures pour supprimer les éventuelles incohérences entre ses objectifs en matière de coopération pour le développement et ses politiques nationales relatives aux réfugiés, aux demandeurs d'asile et aux migrations irrégulières.

CONCLUSIONS DE L'EXAMEN PAR LES PAIRS 2021 DE LA COOPÉRATION POUR LE DÉVELOPPEMENT

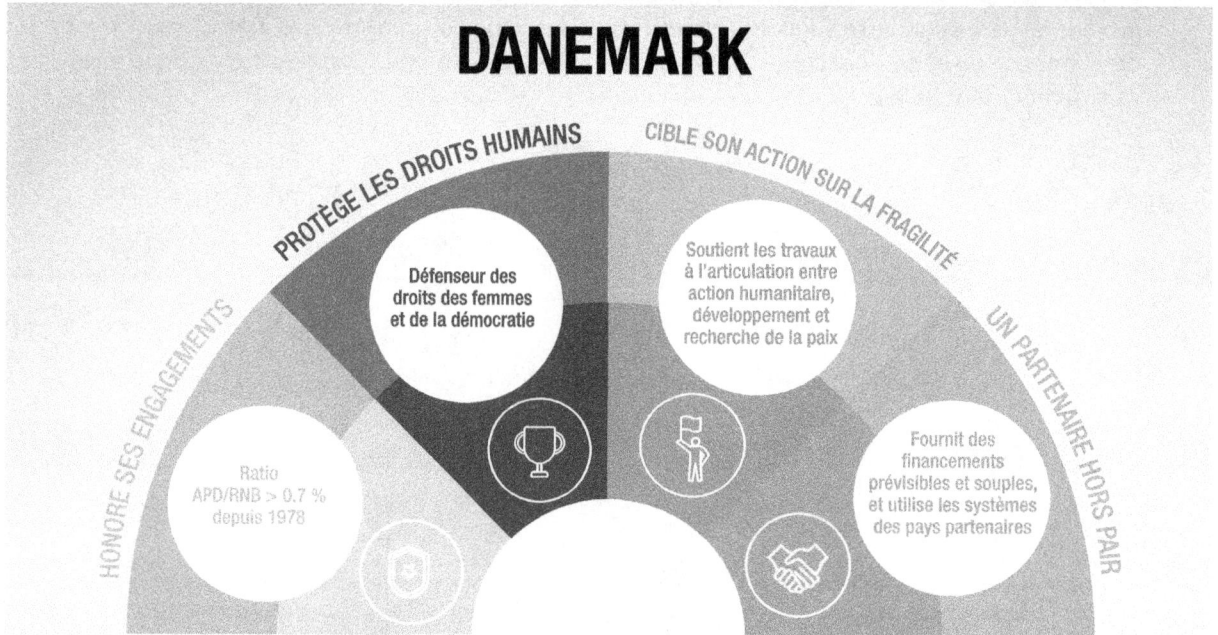

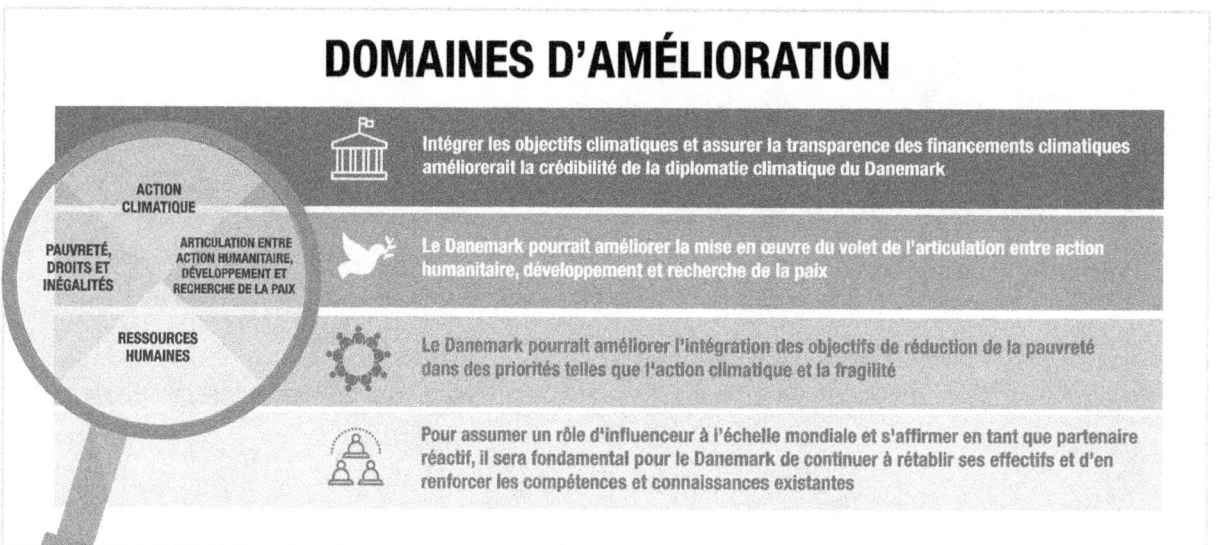

DANEMARK

PROTÈGE LES DROITS HUMAINS

CIBLE SON ACTION SUR LA FRAGILITÉ

HONORE SES ENGAGEMENTS

UN PARTENAIRE HORS PAIR

Défenseur des droits des femmes et de la démocratie

Soutient les travaux à l'articulation entre action humanitaire, développement et recherche de la paix

Ratio APD/RNB > 0.7 % depuis 1978

Fournit des financements prévisibles et souples, et utilise les systèmes des pays partenaires

DOMAINES D'AMÉLIORATION

ACTION CLIMATIQUE

PAUVRETÉ, DROITS ET INÉGALITÉS

ARTICULATION ENTRE ACTION HUMANITAIRE, DÉVELOPPEMENT ET RECHERCHE DE LA PAIX

RESSOURCES HUMAINES

Intégrer les objectifs climatiques et assurer la transparence des financements climatiques améliorerait la crédibilité de la diplomatie climatique du Danemark

Le Danemark pourrait améliorer la mise en œuvre du volet de l'articulation entre action humanitaire, développement et recherche de la paix

Le Danemark pourrait améliorer l'intégration des objectifs de réduction de la pauvreté dans des priorités telles que l'action climatique et la fragilité

Pour assumer un rôle d'influenceur à l'échelle mondiale et s'affirmer en tant que partenaire réactif, il sera fondamental pour le Danemark de continuer à rétablir ses effectifs et d'en renforcer les compétences et connaissances existantes

Sur les 18 recommandations du CAD formulées dans le cadre de son examen de 2016, le DANEMARK en a :

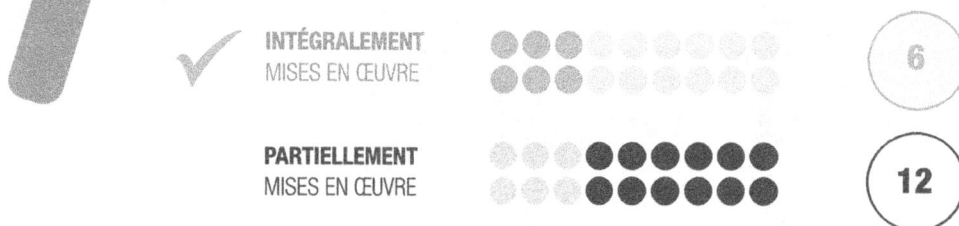

INTÉGRALEMENT MISES EN ŒUVRE — 6

PARTIELLEMENT MISES EN ŒUVRE — 12

Infographie 2. L'aide du Danemark : aperçu synthétique

Tous les montants sont exprimés en millions de dollars américains et en prix courants sauf indication contraire.

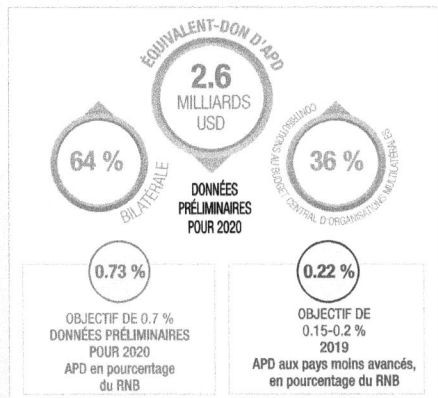

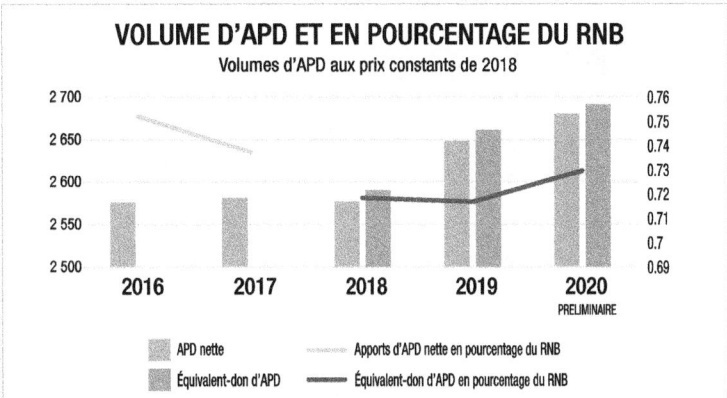

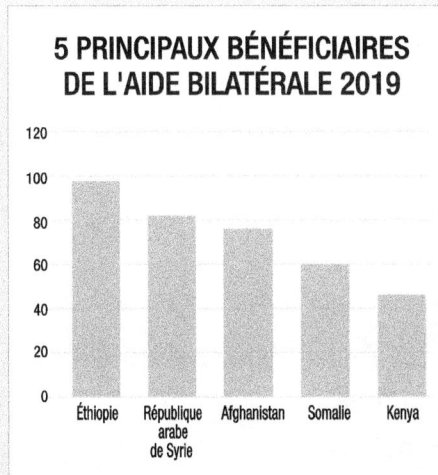

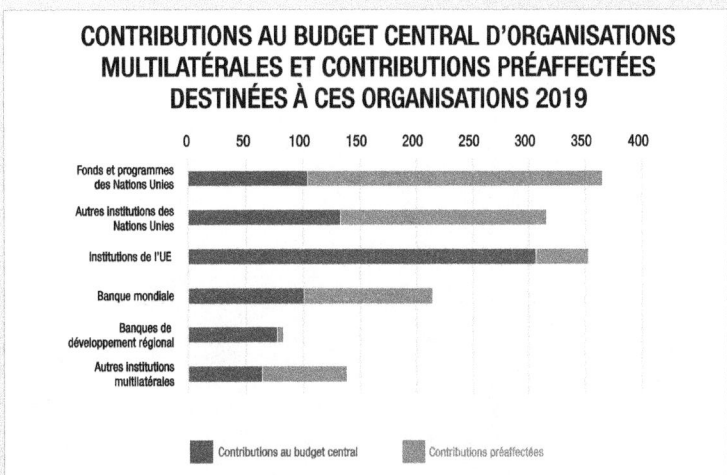

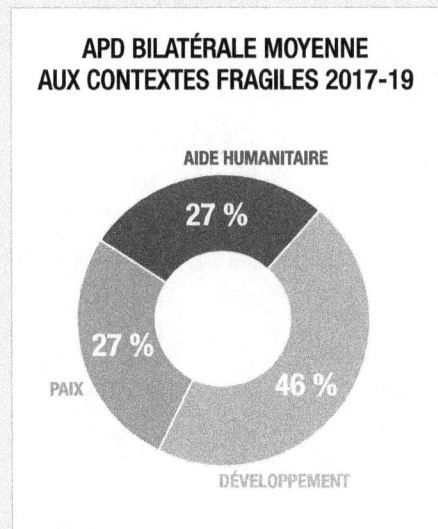

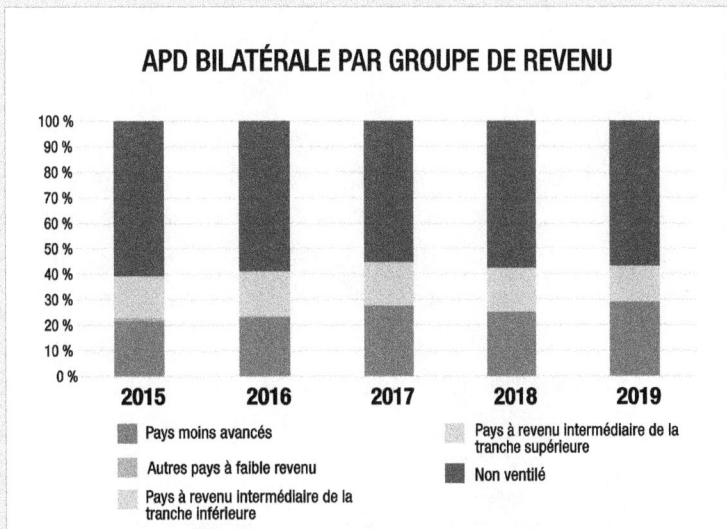

ÉQUIVALENT-DON D'APD

2.6 MILLIARDS USD

64 % BILATÉRALE

36 % CONTRIBUTIONS AU BUDGET CENTRAL D'ORGANISMES MULTILATÉRAUX

DONNÉES PRÉLIMINAIRES POUR 2020

0.73 %
OBJECTIF DE 0.7 %
DONNÉES PRÉLIMINAIRES POUR 2020
APD en pourcentage du RNB

0.22 %
OBJECTIF DE 0.15-0.2 %
2019
APD aux pays moins avancés, en pourcentage du RNB

VOLUME D'APD ET EN POURCENTAGE DU RNB
Volumes d'APD aux prix constants de 2018

- APD nette
- Équivalent-don d'APD
- Apports d'APD nette en pourcentage du RNB
- Équivalent-don d'APD en pourcentage du RNB

5 PRINCIPAUX BÉNÉFICIAIRES DE L'AIDE BILATÉRALE 2019

Éthiopie, République arabe de Syrie, Afghanistan, Somalie, Kenya

CONTRIBUTIONS AU BUDGET CENTRAL D'ORGANISATIONS MULTILATÉRALES ET CONTRIBUTIONS PRÉAFFECTÉES DESTINÉES À CES ORGANISATIONS 2019

- Fonds et programmes des Nations Unies
- Autres institutions des Nations Unies
- Institutions de l'UE
- Banque mondiale
- Banques de développement régional
- Autres institutions multilatérales

- Contributions au budget central
- Contributions préaffectées

APD BILATÉRALE MOYENNE AUX CONTEXTES FRAGILES 2017-19

- AIDE HUMANITAIRE **27 %**
- PAIX **27 %**
- DÉVELOPPEMENT **46 %**

APD BILATÉRALE PAR GROUPE DE REVENU

2015, 2016, 2017, 2018, 2019

- Pays moins avancés
- Autres pays à faible revenu
- Pays à revenu intermédiaire de la tranche inférieure
- Pays à revenu intermédiaire de la tranche supérieure
- Non ventilé

Examen par les pairs du CAD consacré au Danemark

Ce chapitre présente les conclusions et les recommandations de l'examen par les pairs 2021 de la coopération pour le développement dispensée par le Danemark. Il passe en revue certaines des questions systémiques qui ont eu une influence sur les activités danoises de coopération pour le développement et d'aide humanitaire depuis le dernier examen par les pairs et examine les politiques, les partenariats et les processus mis en place par le pays sous l'angle de quatre domaines thématiques : l'action climatique, l'articulation entre action humanitaire, développement et recherche de la paix, l'approche visant à pratiquer le développement autrement et la prise en compte des considérations relatives à la réduction de la pauvreté, aux droits humains et au principe de ne laisser personne de côté. Le chapitre décrit les engagements stratégiques et les réalisations du Danemark dans chaque domaine, recense les facteurs qui ont permis de progresser jusqu'à présent et expose les mesures que le Danemark peut envisager de prendre à l'avenir.

Synthèse

Structure du rapport

Cet examen par les pairs du Comité d'aide au développement (CAD) de l'OCDE est le premier à être réalisé à l'aide d'éléments de la méthodologie et du cadre d'analyse 2021 des examens par les pairs (OCDE-CAD, 2021[1]) et diffère, en termes de structure et de contenu, des précédents examens par les pairs. En particulier, l'essentiel du rapport porte sur quatre domaines de la coopération danoise pour le développement, qui ont été sélectionnés en concertation avec les partenaires du Danemark et à la suite d'échanges avec les représentants du Danemark :

- soutien à l'action climatique aux niveaux international et local ;
- mise en œuvre de la Recommandation du CAD sur l'articulation entre action humanitaire, développement et recherche de la paix ;
- adaptation au changement et amélioration de la cohérence grâce à l'approche visant à pratiquer le développement autrement[1] (Doing Development Differently, DDD) ;
- prise en compte d'éléments du Programme de développement durable à l'horizon 2030, en particulier le principe consistant à ne laisser personne de côté, la réduction de la pauvreté et les droits humains.

Pour chacun de ces quatre domaines, le rapport recense les engagements et les obligations du Danemark, les réalisations obtenues grâce à son action mobilisatrice et ses partenariats, les facteurs qui facilitent ces réalisations et les opportunités ou les risques futurs. Le rapport se penche également sur certaines questions systémiques qui influent sur l'ensemble des activités du Danemark dans ces quatre domaines, et examine comment le pays maintient des niveaux importants et prévisibles d'aide publique au développement (APD). Ce rapport est complété par un aperçu de la coopération pour le développement dispensée par le Danemark, qui contient des informations factuelles sur ses politiques, ses dispositifs institutionnels et ses systèmes de financement et de gestion, et le profil de la coopération pour le développement du Danemark.

Afin de favoriser l'apprentissage entre les membres, le rapport met en lumière plusieurs domaines de bonnes pratiques dont pourraient s'inspirer le Danemark et d'autres membres du CAD et acteurs du développement. Ces bonnes pratiques sont décrites plus en détail dans Outils, enseignements et pratiques de la coopération pour le développement ainsi que dans cinq encadrés :

- Encadré 1. Le mécanisme d'équilibrage du budget : atteindre l'objectif d'un ratio APD/RNB de 0.7 % tout en préservant les engagements en matière de financement
- Encadré 2. Une action climatique coordonnée grâce à l'enveloppe pour l'action climatique
- Encadré 3. Appuyer les priorités de l'action publique au sein du Fonds vert pour le climat moyennant une approche coordonnée
- Encadré 4. Des partenariats à l'appui des investissements du secteur privé en Somalie
- Encadré 5. Mettre en place des cadres par pays globaux et adaptatifs grâce à une nouvelle approche de la planification

Contexte de l'examen par les pairs du Danemark

Contexte politique et économique

Le Danemark a été stable sur le plan politique au cours de la période examinée (2016-21). Une coalition minoritaire – les Sociaux-démocrates, avec le soutien d'autres partis de centre-gauche – est revenue au pouvoir à l'issue des élections de 2019, et de nouvelles élections sont prévues en 2023.

En grande partie sous l'effet de la pandémie de COVID-19, l'économie danoise s'est contractée de 4 % environ en 2020, soit dans une proportion moindre que la plupart des pays de l'OCDE. D'après les projections actuelles, la production devrait retrouver les niveaux d'avant la crise d'ici 2022. En 2020, le produit intérieur brut (PIB) par habitant du Danemark (PPA) s'est élevé à 59 842 USD (OCDE, 2021[2]), et le pays maintient ses bonnes performances au regard des indicateurs de la qualité de vie (éducation, engagement civique, qualité de l'environnement, compétences, emplois et salaires, revenu et patrimoine et sécurité personnelle) (OCDE, 2020[3]).

Le public danois soutient globalement la coopération pour le développement et l'affectation d'aide publique au développement (APD) à des objectifs de développement. Le ministère des Affaires étrangères (MAE) s'emploie activement à maintenir et élargir ce soutien du grand public, en recourant à des approches innovantes pour mobiliser la jeunesse et ceux qui, traditionnellement, ne soutiennent pas les objectifs de développement. Une part grandissante des interventions financées par l'APD porte sur des objectifs climatiques et sont notifiées au titre du financement international de l'action climatique, ce qui dénote un soutien accru de la sphère politique et du public pour faire en sorte que la coopération pour le développement contribue positivement à l'action climatique, lorsque cela est possible. L'intérêt croissant que suscite la lutte contre le changement climatique offre la possibilité de renforcer le discours du Danemark sur la solidarité mondiale pour faire face aux défis mondiaux à long terme et venir en aide à ceux qui sont laissés de côté.

Dispositifs institutionnels

La conduite de la politique danoise de coopération pour le développement ainsi que la responsabilité du maintien d'une approche cohérente et coordonnée à l'échelle de l'ensemble de l'administration et de l'assurance qualité de l'ensemble des partenariats financés par l'APD danoise relèvent du MAE, au sein d'une structure des affaires étrangères intégrée. Au sein du ministère, la coopération danoise pour le développement est placée sous la houlette d'un secrétaire d'État qui rend compte à un ministre chargé spécialement de la coopération pour le développement. Le MAE gère la quasi-totalité de l'APD du Danemark – 97.6 % du total en 2019 – et est responsable de la notification à l'OCDE de la totalité de l'APD éligible du Danemark.

Le MAE a noué des relations de travail efficaces et mis en place des mécanismes de financement conjoint avec plusieurs ministères, en particulier avec le ministère du Climat, de l'énergie et des services publics s'agissant de l'action climatique, et avec les ministères de la Justice, de la Défense ainsi que de l'Immigration et de l'intégration s'agissant de la paix et de la stabilisation ainsi que des migrations irrégulières. Depuis le dernier examen, une plus grande attention est portée à la cohérence des politiques, pour ce qui concerne en particulier l'atténuation du changement climatique et l'adaptation à ses effets, ainsi que la politique commerciale, sous l'effet de la révision de la législation et de la création de mécanismes interministériels destinés à assurer le suivi des progrès réalisés sur la voie de la réalisation des Objectifs de développement durable (ODD).

Le Danemark dispose de solides mécanismes de supervision. Le rôle du Conseil sur la politique de développement a évolué par rapport à celui de la structure qui l'a précédé, la Commission des dons, et le Conseil a reçu un nouveau mandat fin 2016. Le Conseil prend désormais part aux discussions stratégiques et thématiques, et publie ses délibérations et recommandations en ligne (Ministère des affaires étrangères du Danemark, 2021[4]). La Cour des comptes passe fréquemment en revue divers aspects de l'administration par le MAE du budget de la coopération pour le développement. Ces évaluations sont largement consultées au Danemark, notamment le rapport de 2021 sur le financement international de l'action climatique consenti aux pays en développement (Bureau du vérificateur général, 2021[5]) et le rapport de 2017 visant à déterminer si la méthode de calcul des coûts de l'aide aux réfugiés sur le territoire est conforme aux directives du CAD (Bureau du vérificateur général, 2017[6]).

Le Parlement danois définit la politique de coopération pour le développement du pays et approuve la loi de finances annuelle, qui fixe les priorités gouvernementales ainsi que l'enveloppe financière correspondant à l'ensemble de l'APD sur une période de quatre ans. La loi de finances comprend également des décisions programmatiques, comme la sélection des partenaires, et le Parlement a été associé à des décisions opérationnelles lors de l'approbation des dotations du Danemark visant à financer la réponse internationale face à la pandémie de COVID-19. Un certain nombre des procédures qui ont été actualisées, notamment les cadres stratégiques par pays, cherchent à dissocier le rôle du Parlement dans la fixation des grandes lignes stratégiques du rôle exécutif des équipes ministérielles, ce qui est une bonne pratique.

Législation et politiques en matière de développement

En 2017, le Danemark a approuvé une révision de la loi sur la coopération internationale pour le développement (Parlement du Danemark, 2016[7]) et une stratégie quinquennale de coopération pour le développement et d'aide humanitaire intitulée *Le Monde à l'horizon 2030* (Ministère des affaires étrangères du Danemark, 2017[8]). L'une et l'autre sont alignées sur le Programme de développement durable à l'horizon 2030. L'objectif de la coopération danoise pour le développement, tel qu'il est défini dans la loi est large : « faire reculer la pauvreté, promouvoir les droits humains, la démocratie, le développement durable, la paix et la stabilité ». La loi amendée confirme la politique de développement en tant qu'élément central faisant partie intégrante de la politique étrangère, et reconnait que les pays en développement sont affectés non seulement par les politiques de développement mais aussi par les politiques menées dans d'autres domaines. La législation enjoint le Danemark à poursuivre ses objectifs par le biais de partenariats avec les pays en développement et dans le cadre de principes et d'objectifs de coopération pour le développement et de principes d'aide humanitaire internationalement reconnus

Le Monde à l'horizon 2030 présente la vision qu'incarne la politique de développement du Danemark et qui consiste à « contribuer à un monde plus sûr, plus libre, plus prospère, plus durable, plus juste et plus équitable où chaque individu, aujourd'hui comme demain, a la possibilité de se prendre en charge et de subvenir à ses besoins ainsi qu'à ceux de sa famille ». Le fait de placer cette déclaration au niveau de l'individu est une illustration de l'approche du Danemark fondée sur les droits. Cette stratégie confirme le vif engagement du pays en faveur du multilatéralisme et, dans le droit fil des ambitions du Danemark à l'échelle mondiale, son engagement à exercer une influence sur les débats et les institutions multilatérales. Comme indiqué dans les priorités du gouvernement pour 2021-24, le Danemark vise à être le « petit rouage qui fait progresser la machine entière dans la bonne direction vers l'objectif de solidarité » (Ministère des affaires étrangères du Danemark, 2020[9]).

Le Monde à l'horizon 2030 a été négocié dans l'optique de parvenir à un consensus auquel adhère un large éventail de partis politiques. La stratégie a ainsi pu survivre à un changement de gouvernement, et la continuité a été assurée. Toutefois, les objectifs qui y sont énoncés restent généraux, et la formulation parfois vague a limité son utilisation pour guider les décisions opérationnelles, ce qui avait été noté dans une recommandation de l'examen par les pairs réalisé en 2016. Cette stratégie énonce quatre objectifs stratégiques : 1) la sécurité, la paix et la protection, 2) la prévention des migrations irrégulières, 3) une croissance inclusive et durable, et 4) la liberté, la démocratie, les droits humains et l'égalité entre les sexes. Des ODD prioritaires ont été identifiés dans quatre types de contextes : à l'échelle mondiale ; dans des pays fragiles à faible revenu prioritaires ; dans des pays stables à faible revenu prioritaires ; et dans des pays en transition prioritaires. Les pays et territoires classés comme prioritaires par le Danemark sont l'Afghanistan, le Bangladesh, le Burkina Faso, l'Éthiopie, le Ghana, le Kenya, le Mali, le Myanmar, le Niger, l'Ouganda, la République-Unie de Tanzanie, la Somalie ainsi que la Cisjordanie et la Bande de Gaza.

Questions systémiques

Le modèle d'activité du Danemark, fondé sur la décentralisation, permet à ses ambassades et à ses missions de relier coopération pour le développement et plaidoyer politique. Comme le montrent le cas de la Somalie et les liens établis avec des organisations multilatérales clés, ce modèle d'activité permet au Danemark de s'appuyer sur le pouvoir mobilisateur de ses ambassadeurs, de tisser de vastes liens avec des partenaires de financement et de développer une solide compréhension du contexte national, tout en permettant aux ambassades du Danemark d'être maîtres de leurs propres décisions concernant leurs stratégies-pays respectives. Le Danemark est conscient que cette décentralisation et cette flexibilité rendent toujours plus difficile la recherche de cohérence, et il s'efforce activement de gérer les tensions. Par ailleurs, un nombre croissant de partenariats et de budgets axés sur un ou plusieurs pays et régions sont gérés depuis Copenhague à travers des mécanismes de dons. L'approche adoptée par le Danemark pour pratiquer le développement autrement permet de confier la responsabilité de la planification stratégique, de la coordination et de la supervision des engagements au niveau des pays à des équipes dédiées en poste dans les ambassades, assistées d'équipes pays plus larges.

Le Danemark continue de se classer aux premiers rangs parmi les membres du CAD en termes de volume et de prévisibilité de son APD. Depuis 1978, il consacre au moins 0.7 % de son revenu national brut (RNB) à l'APD et est l'un des six membres du CAD à porter ce chiffre à 0.20 % pour les pays les moins avancés (PMA). Le fait qu'il existe depuis près de 50 ans un soutien politique général et constant en faveur d'un ratio APD/RNB d'au moins 0.7 % mérite d'être salué. S'il est déjà arrivé que le Danemark consacre plus de 0.7 % de son RNB à l'APD, le dépassement de cet objectif suscite un soutien politique limité depuis quelques années, et toutes les dotations destinées à contribuer aux mesures internationales de lutte contre le COVID-19 ont été allouées dans le cadre de l'enveloppe financière existante.

Un nouveau mécanisme d'équilibrage du budget permet au Danemark de prévoir les budgets futurs et de planifier les engagements. Ce mécanisme fait suite à une recommandation formulée en 2016 dans le cadre de l'examen par les pairs précédent, qui préconisait d'accroître la prévisibilité de l'APD programmable, alors que le coût des réfugiés au Danemark avait atteint 30 % de son budget bilatéral (Encadré 1).

Encadré 1. Le mécanisme d'équilibrage du budget : atteindre l'objectif d'un ratio APD/RNB de 0.7 % tout en préservant les engagements en matière de financement

La loi de finances de 2017 a introduit un mécanisme d'équilibrage du budget pour faire en sorte que les engagements d'APD du Danemark représentent systématiquement 0.7 % du RNB tout en honorant les engagements pris avec les partenaires en matière de financement. Pour atteindre cet objectif, le mécanisme permet au Danemark d'ajuster le budget d'APD en fonction des fluctuations des estimations du RNB sur une période de trois ans. À la clôture des comptes d'une année donnée (par exemple au début de 2022 après la clôture de 2021), toute différence entre l'APD budgétisée (sur la base d'une estimation antérieure du RNB) et le chiffre effectif nécessaire pour atteindre l'objectif de 0.7 % est soustraite (s'il s'agit d'un excédent) du projet de loi de finances de l'année à venir (2023), ou ajoutée (s'il s'agit d'un déficit). Ce mécanisme d'équilibrage du budget est activé dès lors que les écarts sont supérieurs à 100 millions DKK (couronnes danoises), soit l'équivalent de 15 millions USD et environ 1 % du budget annuel moyen.

Il permet également de gérer les fluctuations du coût des réfugiés sur le territoire au cours d'une année budgétaire. Si ce coût diminue de plus de 100 millions DKK par rapport au budget, les fonds dits libres sont réaffectés à des programmes de développement au cours de la même année. S'il augmente au-

---

delà du budget prévu, le montant du dépassement est ajouté à la somme nécessaire pour équilibrer le budget et est égalisé par une réduction en proportion dans le projet de loi de finances suivant.

À la faveur du mécanisme d'équilibrage du budget, le Danemark a pu préserver ses engagements annuels inscrits dans la loi de finances tout en procédant à des versements d'APD équivalant à au moins 0.7 % de son RNB depuis 2017, ce qui a permis de maintenir un large soutien politique à l'égard de cet objectif. Le budget des versements comporte un volant de sécurité pour assurer que le ratio APD/RNB de 0.7 % est bien atteint. Le Danemark collabore avec ses partenaires pour honorer les engagements pris en matière de financement et ajuste les versements à la hausse ou à la baisse en fin d'année. L'ajustement des engagements sur plusieurs années peut s'avérer plus difficile en cas de réduction importante ou récurrente du RNB.

Note : Cette pratique est décrite plus en détail dans Outils, enseignements et pratiques de la coopération pour le développement : www.oecd.org/cooperation-developpement-apprentissage.

Source : Ministère des Affaires étrangères du Danemark (2017[10]), *The Government's Priorities for Danish Development Cooperation 2018*, https://um.dk/en/danida-en/strategies%20and%20priorities/government-priorities—danish-development-assistance ; entretiens avec des responsables du ministère des Affaires étrangères et du ministère des Finances ; note d'information interne expliquant le fonctionnement du mécanisme d'équilibrage du budget.

Le soutien accru de la sphère politique et du grand public à la lutte contre les migrations irrégulières influe de plus en plus sur les dotations d'APD, avec des conséquences tant positives que négatives. L'examen par les pairs de 2016 recommandait au Danemark de préserver l'orientation pro-pauvres de ses activités financées par l'APD. Comme le montre le cas de la Somalie, le Danemark a traduit son objectif en matière de migrations et de développement en un accent renouvelé sur les moyens de subsistance et les débouchés pour les jeunes dans les pays en développement, ce qui est positif. Toutefois, l'objectif poursuivi en matière de migrations a aussi eu des conséquences moins positives. Les priorités du gouvernement danois énoncées dans les trois derniers projets de loi de finances font expressément référence à la mise à profit de l'APD pour limiter les migrations irrégulières en direction du Danemark et de l'Europe (Ministère des affaires étrangères du Danemark, 2020[9] ; Ministère des affaires étrangères du Danemark, 2019[11] ; Ministère des affaires étrangères du Danemark, 2018[12]), et le Danemark a sérieusement considéré la possibilité de subordonner l'accès à l'APD à la coopération des pays partenaires dans la lutte contre les migrations irrégulières[2]. Dans un tel contexte, il importe que le ministère des Affaires étrangères (MAE) continue de s'employer avec énergie à faire en sorte que les considérations de développement soient prises en compte dans le cadre de la gestion qu'il assure conjointement avec le ministère de l'Immigration et de l'Intégration de lignes spécifiques du budget d'APD dédiées à la lutte contre les migrations irrégulières[3].

Le MAE est attaché à la transparence et assure un niveau d'information exceptionnel auprès du public en ce qui concerne la manière dont les décisions sont prises. Le ministère publie ses lignes directrices sur la gestion de l'aide en ligne (Ministère des affaires étrangères du Danemark, 2021[13]), de même que les procès-verbaux et les documents de référence des réunions du Conseil sur la politique de développement (Ministère des affaires étrangères du Danemark, 2021[14]).

Le gouvernement danois élabore actuellement une nouvelle politique de développement. Ses priorités pour 2021 indiquent qu'il se concentrera sur des questions telles que l'emploi, notamment les emplois verts et décents, ainsi que sur la formation professionnelle, l'accès à l'eau potable et à une énergie propre, et la lutte contre les causes profondes des migrations irrégulières (Ministère des affaires étrangères du Danemark, 2020[9]). La mise à jour prévue de sa stratégie offre au Danemark l'occasion d'élaborer un discours clair qui s'appuie sur les données disponibles concernant les liens entre la gestion des migrations irrégulières, la protection des droits humains et la réduction de la pauvreté. Étant donné la diversité des objectifs énoncés dans la législation, le risque de voir les intérêts de court terme dominer le débat politique et le point de vue de l'équipe chargée de l'examen par les pairs selon lequel les ressources dévolues à la coopération pour le développement du Danemark sont déjà utilisées au maximum, la négociation de la prochaine stratégie en matière de développement et d'aide humanitaire offre l'occasion de :

- convenir d'un discours convaincant sur la façon dont la coopération danoise pour le développement soutient les intérêts à long terme du pays, en soulignant les avantages d'une planète stable, juste, durable et prospère ;

- expliquer plus clairement dans quelle mesure le Danemark s'engage à réduire la pauvreté et à ne laisser personne de côté, à lutter contre l'exclusion et à protéger les droits économiques, sociaux et politiques à travers ses politiques et programmes de développement ;

- mettre en place un cadre stratégique clair pour guider les décisions et définir les priorités, qui reflète le ciblage du Danemark sur la pauvreté, ses engagements en matière d'égalité des sexes, de droits humains et d'action climatique, ainsi que ses priorités géographiques (Sahel et Corne de l'Afrique), et renforce l'accent sur l'adaptabilité et la cohérence conformément à l'approche visant à pratiquer le développement autrement.

Le MAE dispose d'effectifs limités et vient seulement de rétablir un même nombre d'agents dotés de compétences spécialisées qu'avant les compressions de 2016. L'existence de ressources humaines limitées figurait déjà parmi les sources de préoccupation mentionnées dans l'examen par les pairs de 2016. Au cours de cette période d'évaluation, le ministère a commencé à rétablir ses effectifs et continue de faire appel à des conseillers internationaux externes ainsi qu'à des services de suivi par des tiers pour compléter ses capacités internes. Compte tenu de la sollicitation toujours croissante du personnel, il est encourageant de voir que le MAE a récemment entrepris une cartographie des compétences existantes. Associer des collègues des ressources humaines dès les premiers stades de l'élaboration des programmes par pays aiderait le Danemark à planifier l'évolution des besoins en matière de capacités dans le cadre de différents programmes-pays et instruments multipays ou régionaux. Relier plus étroitement les décisions de dotation en personnel et la planification des programmes aiderait également le ministère à adapter ses politiques en matière de ressources humaines aux besoins spécifiques des contextes fragiles, où le Danemark est de plus en plus actif. Le Danemark met à disposition de ses principaux partenaires, en particulier les organisations multilatérales, des conseillers techniques à court et à long terme ainsi que du personnel détaché du MAE. Comme le relève une évaluation récente, le ministère pourrait adopter une approche plus stratégique en considérant le déploiement de ces agents comme une composante centrale de ses efforts visant à apprendre, à exercer une influence et à renforcer les capacités (TJT Consulting, 2020[15]).

Recommandations

1. Afin de fournir un cadre robuste pour la prise de décisions, la prochaine stratégie du Danemark en matière de coopération pour le développement et d'aide humanitaire devrait :
   - renforcer l'importante contribution que la politique et les partenariats en matière de coopération au développement apportent à la poursuite des intérêts à long terme du Danemark, tout en préservant l'intégrité de son aide publique au développement
   - inclure des critères qui permettront au Danemark de concentrer ses ressources sur un nombre limité de priorités stratégiques et de renforcer les liens entre ces priorités
   - préciser dans quelle mesure la coopération pour le développement et l'aide humanitaire dispensées par le Danemark sont censées contribuer à la réduction de la pauvreté et à la lutte contre les inégalités.
2. Afin de formuler et de mettre en œuvre les objectifs stratégiques du Danemark dans un contexte d'action publique complexe et interconnecté, son ministère des Affaires étrangères devrait continuer de rétablir ses effectifs et de renforcer les compétences et les connaissances nécessaires à son action.

Soutien à l'action climatique au niveau international et aux échelons locaux

Les ambitions liées au changement climatique façonnent de plus en plus la coopération danoise pour le développement

Le changement climatique est depuis longtemps l'un des grands domaines d'action du Danemark. Le Danemark finance l'action internationale face au changement climatique depuis 2002 ; en 2005, il a été l'un des premiers fournisseurs à adopter une stratégie intégrée, sous la forme d'un *Programme danois d'action pour le développement et le climat*, afin d'aider à mieux coordonner le soutien bilatéral et multilatéral à l'adaptation au changement climatique et à l'atténuation de ses effets (Ministère des affaires étrangères du Danemark, 2005[16]). En 2009, le Danemark a accueilli la Conférence de la Convention-cadre des Nations Unies sur les changements climatiques, et notamment la 15e Conférence des Parties (COP15), qui a amené les pays développés à s'engager à mobiliser 100 milliards USD par an d'ici 2020 en faveur de l'action climatique dans les pays en développement, un engagement qui oriente encore à ce jour les échanges internationaux sur la question (OCDE, 2021[17]). En se dotant en 2020 d'une loi sur climat qui lui donne l'objectif ambitieux et juridiquement contraignant de réduire ses émissions de gaz à effet de serre de 70 % d'ici 2030, le Danemark a encore renforcé sa crédibilité sur la scène internationale (Parlement du Danemark, 2020[18]).

Ce n'est que depuis peu que de nouvelles lois et politiques ont fait de l'action climatique un objectif hautement prioritaire de la coopération danoise pour le développement. La stratégie d'action climatique mondiale de 2020, intitulée *A Green and Sustainable World: The Danish Government's Long-term Strategy for Global Climate Action*, engage le Danemark, d'une part, à devenir un chef de file mondial, soucieux de l'environnement, qui inspire et encourage les autres pays et, d'autre part, à davantage axer ses actions de coopération pour le développement sur l'adaptation et la résilience (Gouvernement du Danemark, 2020[19])[4]. Si la stratégie mondiale à l'horizon 2030 (*Le Monde à l'horizon 2030*) ne prévoit qu'un engagement général en faveur de la croissance durable avec une attention particulière portée à « l'énergie, l'eau, l'agriculture [et] l'alimentation » (Ministère des affaires étrangères du Danemark, 2017[8]), les priorités de coopération pour le développement établies par les pouvoirs publics danois pour 2020 et 2021 reflètent l'intention claire d'insister davantage sur l'action climatique à l'avenir (Ministère des affaires étrangères du Danemark, 2019[11] ; Ministère des affaires étrangères du Danemark, 2020[9]). Les initiatives liées au climat et le programme « vert » y figurent en bonne position, et se sont vu allouer des fonds supplémentaires.

Le Danemark a réussi à engager les entreprises privées à atteindre ses objectifs d'émission, mais il doit gérer les émissions externes de carbone. Entre 1990 et 2018, le Danemark a réussi à faire reculer ses émissions nettes de 29 %, dépassant ainsi le seuil des 24 % atteint par l'Union européenne (UE) dans son ensemble (Agence européenne pour l'environnement, 2021[20])[5]. Il estime qu'il a déjà la capacité de réduire ses émissions de gaz à effet de serre de 60 % (par rapport aux niveaux de 1990) d'ici 2030. Les défis qu'il doit maintenant relever pour les réduire de dix points de pourcentage supplémentaires en vue de l'objectif de 70 % fixé dans la loi sur le climat l'ont incité à mobiliser encore davantage les entreprises privées. La mise au point de nouvelles solutions technologiques par le secteur privé danois – comme la technologie éolienne produite par Vestas, le principe de l'expédition sans carbone élaboré par Maersk, ou encore l'objectif de Lego de cesser d'utiliser du plastique d'ici 2030 – aura des effets transformateurs à moyen et long terme sur les pays en développement. Dans le même temps, pour protéger sa réputation internationale de leader de la transition écologique, le Danemark doit gérer les émissions comptabilisées en dehors de son territoire, qui sont dues par exemple à l'importation de biomasse (dont la durabilité fait débat), à la décarbonation de son secteur énergétique (Danish Council on Climate Change, 2018[21]), ou encore à la délocalisation de ses activités industrielles à forte intensité de carbone.

Le Danemark mise sur le financement et la diplomatie pour faire avancer l'action climatique

Le Danemark s'est doté d'un mécanisme d'« enveloppe pour l'action climatique » qui met en avant l'action climatique dans son portefeuille de coopération pour le développement, améliore la coordination, et peut aider à recentrer l'attention sur l'adaptation au changement climatique. Établi en 2008, ce mécanisme a permis au Danemark de protéger les travaux sur le changement climatique pendant toutes les périodes d'évolution des priorités d'action (Encadré 2), même si les budgets ainsi alloués ont reculé entre 2016 et 2018[6]. Le ministère du Climat, de l'énergie et des services publics (MCEU) et le MAE sont chacun responsables d'une partie du budget correspondant et gèrent conjointement ce mécanisme par l'intermédiaire d'un groupe interministériel. Par le passé, l'atténuation du changement climatique attirait davantage de financements que l'adaptation (Lindegaard, Funder et Friis-Hansen, 2021[22])[7]. Associée à une orientation stratégique, l'enveloppe pour l'action climatique peut maintenant aider à établir un nouvel équilibre entre atténuation et adaptation, en accord avec les objectifs du pays. Le Danemark l'utilise aussi pour financer des actions de soutien multilatéral destinées à peser sur les processus mondiaux de financement climatique. Comme l'a recommandé une évaluation de 2020 du soutien danois à l'adaptation au changement climatique, cette enveloppe pour l'action climatique pourrait être utilisée de façon plus stratégique pour financer des interventions particulièrement innovantes, expérimentales ou complémentaires (PEM Consult et Overseas Development Institute, 2020[23]).

Le Danemark n'intègre pas autant qu'il le pourrait l'action climatique à son programme de coopération pour le développement. Cette préoccupation est d'autant plus forte s'agissant du soutien du Danemark à l'adaptation au changement climatique, car la plupart de ses financements dans ce domaine sont liés à des objectifs secondaires de programmes bilatéraux. Sans orientation stratégique récente pour aider le personnel et ses partenaires à intégrer l'action climatique, le Danemark a procédé à cette intégration avant tout dans les secteurs habituels de l'eau, de l'agriculture et des ressources naturelles et, dans une mesure limitée seulement, dans les autres domaines d'action (tels que les contextes fragiles, les droits humains et la gouvernance, la consolidation de la paix et la sécurité) (Funder et al., 2020[24])[8]. Le soutien danois à l'adaptation a dépendu principalement des forces et des priorités de ses partenaires. Parallèlement, le Danemark a plus efficacement tenu compte de la dimension climatique au cours des phases de planification et de budgétisation de ses programmes, que pendant leur mise en œuvre et leur suivi, ce qui a creusé l'écart entre la stratégie et la pratique (PEM Consult et Overseas Development Institute, 2020[23]). Des évaluations de la façon dont le Danemark intègre l'égalité femmes-hommes, les droits humains et la lutte contre la pauvreté aboutissent aux mêmes conclusions.

Les informations communiquées par le Danemark à l'OCDE indiquent que les efforts d'intégration progressent lentement. La part de l'APD bilatérale ventilable du Danemark consacrée au changement climatique (31 %) est tout juste supérieure à la moyenne des pays du CAD en 2019 (27 %), et ce malgré des améliorations constantes depuis 2017[9]. Cela étant, le Danemark a réussi à davantage engager certains pays partenaires à intégrer l'adaptation, par exemple dans le cadre du programme pour une transformation agricole plus écologique en Éthiopie.

Encadré 2. Une action climatique coordonnée grâce à l'enveloppe pour l'action climatique

Le Danemark s'est doté d'un mécanisme d'« enveloppe pour l'action climatique » pour se donner les moyens, tout en assurant l'équilibre et la coordination des actions à l'échelle de son administration, d'aider les pays en développement à relever les défis posés par le changement climatique. Élaborés en 2016, les principes directeurs relatifs à l'enveloppe danoise pour l'action climatique comprennent une théorie du changement et un cadre de suivi, ce qui constitue un point de référence utile en l'absence d'orientations sur l'action climatique plus générales qui s'appliqueraient à l'ensemble de l'aide danoise au développement.

Au fil des années, l'enveloppe pour l'action climatique a joué un rôle déterminant dans la protection du financement climatique, même si l'action climatique n'a pas été une priorité explicite de l'action publique. Les initiatives financées via ce mécanisme ont également bénéficié d'une coordination renforcée entre le MAE et le MCEU. Grâce au groupe de pilotage officiellement constitué et à des échanges informels réguliers, les équipes des deux ministères se sont tenues mutuellement informées et ont pu systématiquement mobiliser l'expertise nationale requise (en particulier, pour les activités d'atténuation conduites par le MCEU). Le MCEU a sélectionné des pays partenaires sur la base de ses propres critères, ce qui lui a permis de nouer des partenariats durables à long terme, un élément indispensable au soutien dans le secteur de l'énergie.

À l'avenir, une répartition moins stricte du travail entre le MAE et le MCEU – en particulier, pour ce qui est du ciblage concernant l'adaptation et l'atténuation ainsi que les pays cibles – pourrait offrir la possibilité de faire bénéficier les pays à faible revenu de l'expertise du MCEU en matière d'atténuation. De plus, la participation plus directe d'autres ministères et organismes dotés d'une expertise technique (ministère de l'Alimentation, de l'Agriculture et de la Pêche, ministère de l'Environnement, etc.) aux initiatives financées via l'enveloppe pour l'action climatique pourrait favoriser la progression du « programme d'adaptation » du Danemark.

Note : Cette pratique est décrite plus en détail dans Outils, enseignements et pratiques de la coopération pour le développement : www.oecd.org/cooperation-developpement-apprentissage.
Source : ministère des Affaires étrangères du Danemark (2016[25]), *Guiding Principles for the Danish Climate Envelope*, https://amg.um.dk/en/programmes-and-projects/guiding-principles-climate-envelope ; entretiens avec des représentants des pouvoirs publics danois.

Le Danemark utilise de façon stratégique et efficace son réseau de diplomatie climatique pour influencer les banques multilatérales de développement et les économies émergentes. Recourant à l'assistance technique et à un mélange de ressources d'APD et hors APD, en accord avec la stratégie d'action climatique globale, le Danemark a pris plusieurs initiatives à l'appui de la diplomatie climatique :

- Il a nommé récemment un Ambassadeur du climat, dont le poste est financé conjointement par le MAE et le MCEU et qui est censé être le fer de lance de cette diplomatie dans l'ensemble de l'administration, et il a chargé les groupes de contact créés dans le cadre de l'approche DDD de mettre à profit les informations provenant des ambassades et des partenaires pour influencer les organisations multilatérales (Encadré 3).

- Le Danemark a récemment désigné « missions du front vert » 20 de ses ambassades et missions dans les pays Partenaires clés et de ses représentations auprès d'organisations multilatérales. Ces missions, ainsi que les cinq partenariats stratégiques verts noués, visent à promouvoir les solutions danoises respectueuses de l'environnement dans le monde et à accélérer leur adoption[10]. Il apparaît toutefois que seules quelques-unes des missions du front vert se trouvent dans les pays à faible revenu, qui ont le plus besoin d'aide à l'adaptation.

- Le Danemark entretient des relations de collaboration stratégique avec divers pays (par exemple les pays nordiques animés d'un même esprit et d'autres pays, dont ceux d'origine de différents groupes de population) et s'emploie par ce biais à amener les banques multilatérales de développement à mobiliser des investissements en faveur de la transition verte et de l'adaptation au changement climatique et à financer des initiatives multidonneurs.

- Il recourt à des programmes mondiaux, dont celui de coopération sectorielle stratégique, qui visent entre autres à renforcer les relations bilatérales et à aider les gouvernements des pays émergents à appuyer une transition verte (PEM Consult, 2020[26]).

Encadré 3. Appuyer les priorités de l'action publique au sein du Fonds vert pour le climat moyennant une approche coordonnée

L'engagement fort du Danemark auprès du Fonds vert pour le climat (GCF) constitue un volet essentiel de son ambition de promouvoir la diplomatie climatique et de montrer la voie en matière d'action climatique au niveau international. Sa stratégie à l'égard du GCF est semblable à celles qu'il applique dans le contexte d'autres organisations multilatérales. Elle énonce publiquement ses priorités stratégiques et l'a aidé à collaborer avec le GCF, d'autres fournisseurs et la société civile.

Un aspect bien particulier de l'engagement du Danemark auprès du GCF tient au fait que le MAE et le MCEU sont représentés conjointement au conseil du GCF, ce qui assure une étroite coordination entre les deux ministères et une plus grande influence sur les décisions du fonds.

La stratégie à l'égard du GCF prévoit également que le MAE et le MCEU recueillent des contributions auprès des ambassades danoises, des organismes techniques (ministère de l'Environnement et Agence danoise de l'énergie, par exemple), des organisations de la société civile (OSC) au Danemark et dans les pays partenaires, des collectivités locales et du secteur privé. La représentation du Danemark auprès du GCF a ainsi pu disposer d'exemples concrets, de retours d'information et d'états des lieux objectifs pour étayer ses demandes et propositions dans le cadre du conseil, apportant une valeur ajoutée à ses contributions et leur assurant un meilleur accueil.

Aussi le Danemark est-il influent au sein du GCF, par exemple lorsqu'il apporte un soutien appuyé à la mise en œuvre de la politique du GCF à l'égard des populations autochtones, adoptée par le conseil en 2018. Il a également contribué au renforcement du cadre de gestion axée sur les résultats du GCF en prônant la conception d'indicateurs tournés vers l'adaptation.

Note : Cette pratique est décrite plus en détail dans Outils, enseignements et pratiques de la coopération pour le développement : www.oecd.org/cooperation-developpement-apprentissage.
Source : Ministère des Affaires étrangères du Danemark (2020[27]), *Danish Organisation Strategy for the Green Climate Fund (2020-23)*, https://um.dk/~/media/um/danida-en/danish%20organisation%20strategy%20for%20the%20green%20climate%20fund%202021-23.pdf?la=da ; PEM Consult et Overseas Development Institute (2020[23]), *Evaluation of Danish Support for Climate Change Adaptation in Developing Countries*, https://um.dk/en/danida-en/results/eval/eval_reports/publicationdisplaypage/?publicationID=A9CC034B-9F7B-4F61-B733-6F8370EC442B ; entretiens avec des représentants officiels et partenaires danois.

L'engagement du secteur privé et de la société civile vient compléter l'éventail des modalités utilisées par le Danemark, mais les différents axes de travail pourraient être mieux coordonnés. Le Fonds d'investissement pour les pays en développement (IFU), l'institution danoise de financement du développement, joue un rôle central dans la mobilisation de financements privés à l'appui de l'action climatique. En 2018, ce Fonds a créé le Fonds danois d'investissement dans les ODD, qui est un partenariat public-privé financé à 60 % par des sources privées et à 40 % par des sources publiques. Ce fonds affiche d'ores et déjà des engagements totaux de près de 5 milliards DKK (750 millions USD), dont 100 millions DKK (15 millions USD) d'APD, et a commencé à investir dans des projets dans les domaines des énergies renouvelables, de la santé et de l'économie agricole[11]. Entre 2015 et 2019, le Danemark a mobilisé 530.9 millions USD auprès du secteur privé en faveur de l'action climatique, ce qui représente 19 % du total des fonds mobilisés auprès de ce secteur sur la période (OCDE, 2021[28]). L'implication de la société civile dans l'action climatique a contribué au recul de la pauvreté et amélioré la résilience des groupes vulnérables au niveau local grâce à la diversification des moyens de subsistance et à la création de possibilités de revenus (PEM Consult et Overseas Development Institute, 2020[23]). Néanmoins, les liens entre les différents niveaux d'action et modalités (dont les organisations multilatérales et l'enveloppe pour l'action climatique) ont été souvent insuffisants pour permettre des synergies et un renforcement mutuel (PEM Consult et Overseas Development Institute, 2020[23]). L'équipe chargée de l'examen par les pairs a l'impression que le Danemark n'a pas tiré pleinement profit des opportunités de contribuer aux transformations.

L'impulsion politique et l'apprentissage ont permis au Danemark de faire progresser son ambition en matière de climat

L'impulsion politique a fait du climat une priorité dans tous les domaines de l'action publique et incité le Danemark à renforcer son approche à l'échelle de l'ensemble de l'administration. À la suite des élections de 2019, le gouvernement danois a annoncé une « nouvelle orientation politique » en matière de climat et placé la transition verte au cœur de l'action publique (Farand, 2019[29]). En conséquence, le cabinet du Premier ministre a assigné à l'ensemble des ministères concernés des indicateurs clés de performance liés au climat, et la fonction d'Ambassadeur du climat a été créée. Tous les ministères concernés ont contribué à l'élaboration de la stratégie d'action climatique globale (Gouvernement du Danemark, 2020[19]) et accepté d'adopter chaque année en septembre un plan de travail pour la mise en œuvre des initiatives nationales et internationales. Le MAE s'est doté d'une nouvelle direction transversale de la diplomatie verte et du climat, intégrant une équipe consacrée à l'adaptation au changement climatique, afin de renforcer la diplomatie climatique et l'accent stratégique mis sur le changement climatique dans le cadre de la transition verte (Ministère des affaires étrangères du Danemark, 2021[30]).

Son attachement aux évaluations et aux bilans permet au Danemark de tirer les enseignements des pratiques passées pour orienter l'action climatique future. À la suite de l'évaluation consacrée en 2015 aux financements climatiques fournis aux pays en développement (LTS International, 2015[31]), le Danemark a adopté les principes directeurs relatifs à l'enveloppe danoise pour l'action climatique, qui définissent clairement les objectifs prioritaires et un cadre de suivi et d'évaluation amélioré (Ministère des affaires étrangères du Danemark, 2016[25]). En 2019, le MAE a commandé deux nouvelles évaluations systémiques couvrant une période relativement longue (2008-18), l'une portant sur le soutien du Danemark à l'adaptation au changement climatique (PEM Consult et Overseas Development Institute, 2020[23]) et l'autre sur celui apporté à l'atténuation du changement climatique (Particip; Overseas Development Institute, 2021[32]), dans le but d'éclairer la définition des mesures inscrites dans la prochaine stratégie, qui consacrera l'action climatique comme une priorité de l'action publique. Le Conseil danois du changement climatique, une entité indépendante, publie chaque année un rapport sur la mise en œuvre de la loi sur le climat, qui examine les efforts nationaux et internationaux dans le domaine climatique. La Cour des comptes (2021[5]) a récemment évalué la transparence de l'aide du Danemark relative au changement climatique. En outre, le Conseil sur la politique de développement assure un suivi des évolutions de l'action climatique internationale (nouveaux programmes, principalement), et il en va de même de la Commission des affaires étrangères du Parlement danois. Enfin, le MAE promeut la production d'informations complémentaires en soutenant des études menées par des instituts de recherche danois et internationaux (dont l'Institut danois d'études internationales).

Considérations pour l'avenir

Des politiques publiques énonçant des priorités et orientations stratégiques claires permettraient de placer le climat au centre de l'action humanitaire et de développement du Danemark. Le MAE a fait œuvre utile en rédigeant une note d'orientation interne sur l'adaptation au changement climatique pour éclairer l'élaboration de la nouvelle stratégie de développement et d'aide humanitaire du Danemark[12], et il projette de réviser les principes directeurs relatifs à l'enveloppe danoise pour l'action climatique afin de renforcer les orientations stratégiques (Ministère des affaires étrangères du Danemark, 2021[30]). La nouvelle stratégie devrait donner une orientation claire à l'action climatique du Danemark en précisant les objectifs de cette action et l'importance de sa mise en œuvre, et en mettant en lumière les imbrications et synergies avec d'autres domaines d'intervention qui devront être exploitées.

Il est essentiel de renforcer les compétences internes et d'apporter un appui au personnel des ambassades pour développer de nouvelles initiatives et assurer la prise en compte du changement climatique dans d'autres domaines prioritaires tels que la paix et la sécurité. Il existe souvent un besoin de renforcement des capacités en matière d'adaptation au changement climatique chez les partenaires, et le personnel des ambassades n'a pas les compétences voulues pour définir concrètement comment aborder l'adaptation au changement climatique dans les programmes par pays, comme cela a été relevé dans un rapport d'évaluation préalable sur le programme-pays relatif au Burkina Faso[13]. Si le Danemark veut pouvoir nourrir de grandes ambitions en matière d'action climatique, il doit se doter de compétences spécialisées. En réponse aux conclusions de l'évaluation du soutien danois à l'adaptation au changement climatique (PEM Consult et Overseas Development Institute, 2020[23]), le MAE prévoit d'élaborer des documents d'orientation spécialisés et de créer un service d'assistance pour aider le personnel et les partenaires à œuvrer concrètement à l'appui de la priorité climatique (Ministère des affaires étrangères du Danemark, 2021[30]). Ces projets sont à saluer. En outre, comme on a pu le constater lors de la mission effectuée en Somalie dans le cadre de l'examen par les pairs, il est possible de faire de l'action climatique et de la sécurité climatique une priorité en intégrant des mesures d'adaptation dans les programmes existants. Ce faisant, le Danemark pourrait mettre davantage l'accent sur la résilience, y compris parmi les populations marginalisées. Dans un récent document d'orientation interne sur l'importance du changement climatique pour la paix, les conflits et la sécurité dans les contextes fragiles, le MAE décrit les liens et jette les bases d'un engagement accru.

La transparence de ses financements climatiques est essentielle à la crédibilité du Danemark tant à l'échelon national qu'au niveau international. Un système de notification simple des dépenses consacrées au climat permettrait au Danemark de mesurer ses propres performances et de prendre des décisions éclairées. La méthode aujourd'hui employée pour rendre compte de l'aide en matière de climat en donne une image inexacte, dans la mesure où il y a parfois un décalage entre l'importance accordée aux enjeux climatiques dans la description des activités figurant dans les programmes et les sommes correspondantes notifiées au titre de l'aide climatique (Bureau du vérificateur général, 2021[5]). En outre, il est difficile de trouver des données et des informations détaillées au sujet des dotations d'APD destinées à des domaines particuliers et de procéder à des comparaisons d'une année sur l'autre. C'est une préoccupation qui a aussi été pointée par le Conseil sur la politique de développement (Ministère des affaires étrangères du Danemark, 2021[4]).

Une approche plus intégrée de l'action climatique aurait un effet bénéfique sur les objectifs plus généraux de développement et d'environnement, qui risquent d'être relégués au second plan du

fait de l'importance croissante accordée au climat par le Danemark. Les statistiques de l'APD montrent qu'entre 2016 et 2019, la part de l'APD bilatérale ciblant la biodiversité et la désertification a baissé de plus de moitié, tandis que les ressources destinées à l'action face au changement climatique ont augmenté sensiblement[14]. En donnant des orientations stratégiques, en renforçant l'intégration systématique et en adoptant d'autres mesures complémentaires, le Danemark maximiserait les avantages connexes découlant de son action en faveur du développement et du climat[15]. En outre, en faisant clairement apparaître en quoi les interventions en faveur du climat contribuent aux objectifs en matière de lutte contre la pauvreté, d'égalité femmes-hommes et de droits humains, il contribuerait à rectifier l'idée erronée d'une corrélation négative entre l'attention portée au changement climatique et celle accordée à la réduction de la pauvreté.

Recommandations

3. Pour protéger sa crédibilité en matière d'action climatique, le Danemark devrait veiller à la transparence de son système de notification des financements climatiques internationaux.

4. Fort du solide soutien politique apporté par le Danemark à l'action climatique, son ministère des Affaires étrangères devrait produire des orientations stratégiques pour :

   - permettre aux ambassades et aux partenaires de faire concrètement progresser l'action climatique et d'en assurer le suivi à travers des politiques et programmes humanitaires et de développement

   - identifier et exploiter les synergies entre les interventions bilatérales et mondiales du Danemark concernant le climat.

Travaux menés à l'articulation entre action humanitaire, développement et recherche de la paix

Le Danemark a renforcé son action à l'articulation entre action humanitaire, développement et recherche de la paix, confortant ainsi sa réputation de chef de file mondial des interventions dans les contextes fragiles

Le Danemark joue un rôle de pionnier dans les travaux menés à l'articulation entre action humanitaire, développement et recherche de la paix, dans lesquels il démontre un niveau élevé d'ambition et a acquis une expérience qu'il partage à l'échelle internationale et sur le terrain. À l'instar d'autres membres du CAD, il a souscrit à des engagements spécifiques au titre de la Recommandation du CAD sur l'articulation entre action humanitaire, développement et recherche de la paix (OCDE, 2019[33]), qui couvrent 11 principes regroupés autour des thématiques de la coordination, la programmation et du financement[16]. Si la présente section porte essentiellement sur la Recommandation du CAD, elle examine également la stratégie plus vaste du Danemark en matière de fragilité, qui constitue un élément important sur lequel le pays assoit la mise en œuvre de son approche axée sur l'articulation entre action humanitaire, développement et recherche de la paix.

Le Danemark est l'un des premiers pays à avoir intégré une approche axée sur l'articulation entre action humanitaire, développement et recherche de la paix dans l'ensemble de son système de coopération pour le développement. Des approches de ce type étaient déjà fréquentes au sein du système danois en 2017, soit deux ans avant l'adoption de la Recommandation du CAD, ainsi qu'en témoignent notamment la stratégie conjointe unique intitulée *Le monde à l'horizon 2030*, qui regroupe les volets politique et humanitaire, et les aspects en lien avec le développement ; les modalités de gouvernance du Fonds pour la paix et la stabilisation *(PSF)*, qui associent différents secteurs de l'administration ; et les partenariats de financement du Danemark, tels que les travaux menés de longue date par le pays avec le Programme alimentaire mondial en matière de sécurité alimentaire (Ministère des affaires étrangères du Danemark, 2017[8]).

Le Danemark a pris des mesures considérables pour adapter son financement humanitaire aux objectifs du Grand compromis (« *Grand Bargain* ») et aux principes et bonnes pratiques de l'aide. Il veille à assurer la prévisibilité et la flexibilité de son soutien au système multilatéral, au moyen d'accords-cadres pluriannuels avec, entre autres, le Bureau de la coordination des affaires humanitaires des Nations Unies (OCHA), le Programme des Nations Unies pour le développement, le Fonds des Nations Unies pour la population et le Programme alimentaire mondial, et en versant essentiellement des contributions non préaffectées, de manière à ce que l'aide puisse être déployée rapidement en fonction des besoins (Ministère des affaires étrangères du Danemark, 2018[34] ; Ministère des affaires étrangères du Danemark, 2018[35]).

Il importe de préciser que le Danemark considère l'articulation entre action humanitaire, développement et recherche de la paix comme étant complémentaire de son engagement en faveur d'une action humanitaire propre à sauver des vies, et non comme un substitut à cette dernière. Son budget humanitaire revêt une importance sur le plan politique et est en forte hausse (voir le aperçu de la coopération pour le développement dispensée par le Danemark). La répartition des fonds humanitaires semble avoir pour objectif de concilier un financement prévisible à long terme et la réactivité nécessaire. Un tiers de ces fonds est alloué à des partenariats stratégiques pluriannuels ; environ un autre tiers est affecté à des contributions au budget central de sept organisations multilatérales (Haut-Commissariat des Nations unies pour les réfugiés (UNHCR), Office de secours et de travaux des Nations Unies pour les réfugiés de Palestine dans le Proche-Orient, OCHA, PAM, Comité international de la Croix-Rouge, Fonds central d'intervention d'urgence des Nations Unies (CERF), et Service de l'action antimines des Nations Unies) ; le dernier tiers est en grande partie préaffecté selon des critères souples afin d'être versé rapidement et par le biais de dispositifs de financement groupé (CERF ou fonds dans les pays) ou d'appels à propositions à l'intention d'OSC danoises en cas d'émergence de crises nouvelles ou d'aggravation de crises existantes.

En se concentrant davantage sur la paix, la stabilisation et la prévention des conflits, à la fois dans les contextes fragiles et les contextes non fragiles, le Danemark parvient à inscrire le volet de l'articulation relatif à la recherche de la paix dans une stratégie, et à mener des actions dans ce domaine. L'appui que prête le pays aux travaux consacrés à la prévention des conflits n'a cessé de se renforcer au cours de la dernière décennie (voir le aperçu de la coopération pour le développement dispensée par le Danemark) et il est l'un des deux seuls donneurs du CAD, avec le Royaume-Uni, à être doté d'un fonds de stabilisation regroupant les ressources d'APD et hors APD. Le PSF est l'un des principaux dispositifs par lesquels il met en œuvre le volet de l'articulation concernant la paix, avec notamment le Programme régional pour la paix et la stabilisation au Sahel 2018-21 et le Programme pour la paix et la stabilisation dans la Corne de l'Afrique. Le comité directeur du PSF pourrait être considéré comme un modèle de gouvernance et d'établissement des programmes relatifs à l'ensemble des volets de l'articulation avec les ministères concernés et en dehors des instruments spécifiques. Pour plus d'informations, voir Fonds pour la paix et la stabilisation – Outils, enseignements et pratiques de la coopération pour le développement.

Mener des interventions efficaces dans des contextes fragiles peut être particulièrement difficile lorsque la légitimité de l'État est remise en cause et que le niveau de sécurité ne permet pas d'assurer une forte présence sur le terrain. Le Danemark gère son programme-pays en Somalie depuis Nairobi. Il apporte un financement au gouvernement somalien via la Banque mondiale, les Nations Unies et l'Union européenne, mais aucun financement direct de gouvernement à gouvernement. Gérer un programme de développement à distance et éviter le soutien budgétaire sont deux pratiques courantes parmi les donneurs du CAD qui interviennent dans des contextes fragiles. Le Danemark dispose d'un bureau au sein du compound de l'UE à Mogadiscio, et prévoit d'avoir, au moyen d'un système de roulement, un membre de l'Unité consacrée à la Somalie (y compris l'ambassadeur) sur place à Mogadiscio jusqu'à 70 % du temps. Le Danemark a également ouvert un bureau à Hargeisa, au Somaliland, et est le premier membre du CAD à avoir accompli cette démarche. Son niveau de présence à Mogadiscio est toutefois une préoccupation constante pour certains partenaires, et rassembler le budget nécessaire pour financer des déplacements sûrs et fréquents sur le terrain en dehors de Mogadiscio et d'Hargeisa reste une priorité pour le personnel de l'ambassade.

Le Danemark a pris des mesures dans l'un des aspects plus complexes de la Recommandation du CAD – mettre l'accent sur le renforcement des capacités nationales et locales – en s'efforçant de comprendre les réalités locales et en nouant des partenariats au sein et en dehors des gouvernements partenaires. La politique du Danemark vise à relever ce défi en œuvrant au renforcement de l'État tout en consolidant la société civile, y compris l'espace civique. Concrètement, son objectif est de renforcer les capacités nationales et locales des pays et territoires partenaires, en nouant par exemple des partenariats locaux sur la connaissance avec des organisations non gouvernementales (ONG) et des chercheurs à Mogadiscio, afin de mieux comprendre les risques et les opportunités, et en soutenant les investissements du secteur privé au Somaliland sur une base expérimentale (Encadré 4).

Encadré 4. Des partenariats à l'appui des investissements du secteur privé en Somalie

L'utilisation par les donneurs des institutions de financement du développement (IFD), des fonds et des mécanismes de financement n'a cessé de croître au cours des dernières années, une récente enquête menée par l'OCDE sur ces fonds et mécanismes ayant fait état de 74.5 milliards USD de fonds sous gestion à l'échelle mondiale. Toutefois, soutenir le développement du secteur privé – en cohérence avec les approches axées sur l'articulation - reste extrêmement complexe dans les contextes de fragilité, où les risques commerciaux sont perçus comme élevés, où l'accès au capital est faible, et où le secteur privé local est souvent dominé par des microentreprises et des entreprises de taille petite à moyenne. Les entrées de capitaux privés extérieurs pourraient avoir des répercussions complexes sur la fragilité, tant sur le plan négatif que positif. Les contextes fragiles sont destinataires de moins de 6 % de l'investissement direct étranger à l'échelle mondiale. L'environnement des affaires en Somalie est l'un des moins propices du monde : le pays se classe dernier sur les 190 pays évalués au regard du cadre de la facilité de faire des affaires de la Banque mondiale.

Le programme-pays mené en Somalie a pour objectif de promouvoir le développement inclusif du secteur privé, notamment via l'institution danoise de financement du développement, l'IFU. L'IFU a investi dans le *Nordic Horn of Africa Opportunities Fund* (*Nordic Fund*) avec des fonds du programme-pays du Danemark pour la Somalie, aux côtés du Fonds de développement norvégien. Le *Nordic Fund*, un des premiers fonds d'investissement commercial pour la Somalie, a été créé en 2018 avec un engagement de financement d'environ 9 millions USD, et avait atteint un financement total de 18 millions USD fin 2020. Les fonds sont gérés par Shuraako (qui signifie « partenariat » en somali), un programme établi par la fondation américaine One Earth Future. Shuraako est présent sur le terrain dans toute la Somalie, avec des bureaux à Hargeisa, Garowe et Mogadiscio, et vise à mettre en relation les entrepreneurs dotés de capital à impact afin de favoriser la croissance économique, de créer des emplois et de promouvoir la stabilité et la paix. Le *Nordic Fund* est l'un des premiers fonds de ce type à opérer en Somalie et a vocation à soutenir les petites et moyennes entreprises, qui peuvent compter sur très peu d'autres sources de financement. Le fonds fonctionne sur une base essentiellement commerciale, le financement du développement faisant office de garantie des premières pertes en cas de défaut. Les partenaires en Somalie ont indiqué que le fonds remplit une fonction pionnière importante en démontrant la viabilité de ce type d'investissement, en particulier dans les régions plus stables de Somalie, telles que le Somaliland et le Puntland.

Note : Cette pratique est décrite plus en détail dans Outils, enseignements et pratiques de la coopération pour le développement : www.oecd.org/cooperation-developpement-apprentissage.

Source : OCDE (2021[36]), *États de fragilité 2020*, https://doi.org/10.1787/ba7c22e7-en ; Fonds d'investissement pour les pays en développement (2020[37]), *2020 IFU Annual Report*, https://www.ifu.dk/wp-content/uploads/2021/04/IFU-AR-2020-samlet-16042021.pdf; Norfund (2018[38]), *Investing Profitably in Somalia*, https://www.norfund.no/investing-profitably-in-somalia/.

Le Danemark s'appuie sur son cadre d'action, son rôle de leader sur le terrain et son ciblage sur les ODD pour atteindre ses objectifs relatifs à l'articulation entre action humanitaire, développement et recherche de la paix

L'action menée par le Danemark à l'appui de l'articulation entre l'aide humanitaire et le développement repose sur un cadre d'action intégré dont la portée pourrait être encore élargie afin de prendre en compte le volet sur la paix. Les arguments qui sous-tendent le recours à des approches axées sur l'articulation sont clairement intégrés dans la stratégie globale du Danemark (Ministère des affaires étrangères du Danemark, 2017[8]). La mise en œuvre est régie par une note explicative qui reprend point pour point la définition de l'articulation énoncée par le CAD, ainsi que les 11 principes, et qui identifie des priorités spécifiques. Le Danemark accorde la priorité à trois domaines d'action : 1) inciter un plus grand nombre d'acteurs à recourir à des approches axées sur l'articulation dans leurs travaux ; 2) renforcer conceptuellement et concrètement les éléments de paix et de bonne gouvernance, qui sont, par comparaison, les moins développés de l'articulation ; et 3) promouvoir une mise en œuvre concrète à l'échelon régional et dans les pays (Ministère des affaires étrangères du Danemark, document non publié[39]). Cette stratégie a permis de cibler des mesures spécifiques au titre d'un programme dont il aurait pu être malaisé de déterminer les contours. Comme cela est le cas d'autres membres du CAD, il y a un risque que le Danemark mette en œuvre cette triple articulation en la décomposant en deux d'articulations déconnectées - les liens stratégiques entre l'établissement des programmes de développement et d'aide humanitaire d'un côté, et entre les activités de développement et celles menées au titre de la paix et de la stabilisation de l'autre. Il serait possible de rendre la note explicative et les autres cadres stratégiques et institutionnels plus explicites en y exposant plus clairement le volet relatif à la paix, notamment via le PSF, et en prévoyant des indicateurs de réussite concrets et assortis d'un délai.

Le modèle du Danemark, fondé sur la décentralisation et la délégation des moyens nécessaires au niveau des ambassades, est un élément clé à l'appui des approches axées sur l'articulation, en particulier des liens entre les volets consacrés au développement et à la paix. En Somalie et au Kenya, l'ambassade joue un rôle important en assurant une mise en œuvre coordonnée des portefeuilles d'activités à l'appui du développement et de la paix. L'engagement politique à l'échelon de l'ambassade est également largement reconnu et très apprécié par les partenaires. Le rôle de leader du Danemark sur des questions clés a contribué à mener à bien une évolution cohérente, en particulier dans les volets consacrés au développement et à la paix. Les efforts déployés pour intégrer la question des droits dans le dialogue relatif à l'allégement de la dette au titre de l'Initiative en faveur des pays pauvres très endettés (PPTE) en Somalie ; le rôle joué au Somaliland à l'appui d'un dialogue sélectif et de la consolidation de la paix ; et la possibilité donnée à différentes voix de se faire davantage entendre à l'échelon national, en particulier sur la question des droits des femmes, sont des exemples à cet égard. On observe que les pays partenaires sont très demandeurs de ce type de rôle pour le Danemark. Celui-ci doit veiller à hiérarchiser ses interventions en fonction des capacités et des compétences de ses effectifs, et l'importance de ce rôle d'intégrateur doit être prise en considération dans les décisions d'affectation des ressources.

Le ciblage sur une approche visant à pratiquer le développement autrement[17] est perçu, en interne comme en externe, comme l'occasion de systématiser davantage le recours à une perspective axée sur l'articulation entre action humanitaire, développement et recherche de la paix à l'échelle de

l'ensemble du ministère des Affaires étrangères (Ministère des affaires étrangères du Danemark, document non publié[39]). Les stratégies-pays et les groupes de réflexion globaux envisagés au titre de l'approche DDD offriront de nouvelles opportunités de coordination et de gestion adaptative au niveau des pays. Parallèlement, l'analyse des causes profondes des conflits et des moteurs de fragilité et de résilience est prévue dans les lignes directrices sur la gestion de l'aide du Danemark sous la forme d'un outil d'analyse du risque de fragilité et de la résilience (Ministère des affaires étrangères du Danemark, 2020[40]), qui repose sur le cadre multidimensionnel de l'OCDE, lequel n'a toutefois pas encore été utilisé dans l'ensemble des contextes de fragilité.

Considérations pour l'avenir

Le Danemark, à l'instar d'autres membres du CAD, peut déployer des efforts supplémentaires pour rehausser la place occupée par les volets de l'articulation consacrés au développement et à la paix dans sa programmation et ses partenariats de financement à l'échelle mondiale. Dans le système danois, le financement humanitaire est programmé au niveau mondial depuis Copenhague, tandis que le financement du développement et du PSF est en grande partie géré au niveau des pays. Le pays devrait adopter une approche systémique afin d'éviter une possible déconnexion, et veiller à ce qu'il soit tenu compte, dans la façon dont l'aide humanitaire est déployée, de l'impact de la paix sur la dynamique des crises, même si celle-ci n'est pas un objectif humanitaire à proprement parler. Au niveau des services centraux à Copenhague et avec les partenaires, l'approche axée sur l'articulation est davantage perçue en termes de financement humanitaire et sous l'angle de ses implications à plus long terme que considérée comme un enjeu de financement du développement à proprement parler et au regard de ses implications au niveau de la consolidation de paix. Alors que le Danemark a augmenté son financement humanitaire au cours de la dernière décennie, ses dépenses de développement dans les contextes fragiles ont diminué, en dépit d'un léger rebond depuis 2018. Les initiatives visant à adapter les stratégies de développement aux contextes fragiles, telles que celles mises en œuvre au Burkina Faso et en Somalie, pourraient être élargies et leurs enseignements mis en commun dans l'ensemble du système danois, afin de veiller à ce que le développement soit suffisamment représenté dans l'approche axée sur l'articulation au niveau des services centraux et dans les partenariats de financement du Danemark à l'échelle mondiale.

Le rôle de chef de file du Danemark dans les questions en lien avec l'articulation est clairement reconnu, avec toutefois des variations au niveau des pays et des volets de l'articulation. Si à l'échelon mondial, les organismes d'aide humanitaire perçoivent le Danemark comme un défenseur actif de l'adoption d'approches axées sur l'articulation dans l'action humanitaire, par le biais de ses partenariats de financement (financés depuis Copenhague), dans certains pays partenaires, le pays est essentiellement considéré comme un bailleur plutôt que comme un acteur impliqué dans le dialogue sur la politique humanitaire, notamment la mise en œuvre d'une approche axée sur l'articulation.

L'élaboration par le Danemark d'approches axées sur l'articulation, en particulier l'importance qu'il attache à la fin des besoins, est jusqu'à présent étroitement liée à la question des migrations irrégulières et des déplacements forcés. L'objectif relatif aux migrations et au développement énoncé dans *Le monde à l'horizon 2030* a modifié l'approche du Danemark ciblée sur les pays, en ce qu'il a non seulement rendu nécessaire de nouvelles compétences et capacités, mais a également contribué de manière non négligeable à l'adoption d'approches plus globales face aux déplacements à long terme et en matière de soutien aux réfugiés et aux communautés d'accueil. Comme le montre le programme mené par le Danemark en Somalie, cet objectif offre des perspectives en matière de mise en œuvre de l'articulation dans les pays d'origine des réfugiés. Le Danemark pourrait par exemple se concentrer davantage sur la création d'opportunités économiques pour les jeunes et sur l'objectif de ne laisser personne de côté. À mesure de l'évolution de ses priorités stratégiques, le pays devra également appliquer les enseignements de son expérience acquise en matière de réponse face aux déplacements forcés et aux migrations à d'autres domaines d'action, notamment celui du changement climatique. La note explicative du ministère des Affaires étrangères reconnaît explicitement que le changement climatique accroît la complexité, l'ampleur et la durée des conflits et des crises, ainsi que les impacts sur les déplacements (Ministère des affaires étrangères du Danemark, document non publié[39]).

Des capacités supplémentaires permettraient au Danemark de renforcer son rôle de chef de file et de coordinateur sur des questions clés, en établissant un lien entre des acteurs à l'intérieur et à l'extérieur de son système national. Par exemple :

- Les interventions à l'appui de la paix, notamment celles menées via le PSF, pourraient être mieux reliées et davantage harmonisées avec les autres volets des travaux menés par le Danemark à l'articulation entre action humanitaire, développement et recherche de la paix, aussi bien sur le plan stratégique qu'opérationnel. Cette amélioration serait bénéfique à la coordination, aux choix de programmation et de financement du Danemark, et serait source d'enseignements précieux pour les autres acteurs du développement.

- Le Danemark a la stature nécessaire pour traduire sa contribution bilatérale et sa direction éclairée en résultats collectifs et en stratégies conjointes de financement afin de faciliter l'alignement stratégique de différentes sources de financement nationales, bilatérales et multilatérales sur des thèmes et des pays prioritaires.

Si les différents volets de l'articulation sont souvent reliés sur les plans stratégique et conceptuel, il peut être difficile de traduire ces liens dans l'élaboration, la mise en œuvre et le financement de stratégies-pays qui reposent pleinement sur l'expertise bilatérale et les dispositifs diplomatiques, plutôt que de percevoir les donneurs simplement comme des bailleurs des priorités des Nations Unies. Certaines pratiques adoptées par le Danemark pourraient être mises à profit dans d'autres contextes. Ainsi, la problématique des personnes déplacées dans leur propre pays est l'un des quatre thèmes identifiés par le système des Nations Unies comme pouvant se prêter à des résultats collectifs en Somalie, et est également une priorité du Danemark. Le Danemark a activement contribué à la nouvelle stratégie nationale à l'appui de solutions durables en Somalie, dont il a également été un bailleur important ; cette stratégie est intégrée dans le Plan national de développement de la Somalie et constitue la base d'une stratégie de financement des Nations Unies. Le pays a également co-présidé le Groupe de travail sur des solutions durables au sein duquel des partenaires internationaux débattent de la question du financement de ce résultat collectif. Il a en outre participé activement aux débats organisés par l'initiative pour des solutions durables (Durable Solutions Initiative), dirigée par le Bureau du coordonnateur résident des Nations Unies et financée par la Suisse. Une fois sortie de l'impasse politique et dotée d'un nouveau gouvernement, la Somalie devra pouvoir bénéficier de la poursuite de ces débats et ces décisions, et d'un soutien à l'élaboration d'une stratégie de financement collectif, que ce soit à l'échelon national ou dans le cadre d'une approche par domaine. Une approche similaire a été adoptée par la Suède, en sa qualité de d'important donneur bilatéral en République démocratique du Congo, par exemple.

À l'avenir, la mise en commun des enseignements et des évaluations au sein et à l'extérieur du système danois devrait être l'une des priorités du Danemark dans sa mise en œuvre d'une approche axée sur l'articulation. L'innovation, la volonté de prendre des risques et un avantage comparatif reposant sur des valeurs ont aidé le Danemark à jouer un rôle pionnier sur les questions en lien avec l'articulation et lui ont permis de fournir des exemples précieux d'évaluations menées dans l'ensemble des volets de l'articulation et d'enseignements qui devraient être largement partagés. Les entretiens menés en Somalie et à Copenhague ont mis en évidence la difficulté de maintenir l'organisation d'ateliers rassemblant plusieurs missions et d'autres manifestations consacrées à l'apprentissage dans un contexte de réduction du personnel. Il importera d'évaluer la mise en œuvre de l'approche DDD à titre pilote, notamment au Burkina Faso, et d'appliquer les enseignements dégagés à mesure du déploiement de cette approche dans l'ensemble des contextes fragiles. La mise en œuvre d'une approche axée sur l'articulation sera plus efficace si les évaluations et les enseignements dégagés sont partagés avec l'ensemble des ambassades et dans la totalité des thèmes prioritaires (par exemple, le changement climatique), ainsi qu'avec d'autres acteurs bilatéraux et multilatéraux du développement, et les institutions financières internationales.

Recommandation

5. Le Danemark devrait mettre à profit sa vaste expérience et amplifier la mise en œuvre de son approche axée sur l'articulation en :

- reliant et intégrant davantage le volet de l'articulation consacré à la paix à l'échelle mondiale comme au niveau des pays, y compris dans ses interventions par le biais, entre autres, du Fonds pour la paix et la stabilisation

- contribuant à combler, en particulier au niveau des pays, les déficits en matière d'analyses conjointes, de coordination et de stratégies communes de financement entre les Nations Unies, les banques de développement, l'Union européenne et d'autres organisations bilatérales, notamment en apportant un soutien au système des coordonnateurs résidents des Nations Unies

- investissant dans l'évaluation de ses travaux sur la mise en œuvre de l'articulation et en partageant les enseignements dégagés au niveau de l'ensemble de son système national avec les autres membres du CAD et les organisations multilatérales.

Gestion adaptative et cohérence à travers l'action visant à pratiquer le développement autrement

À travers son approche visant à pratiquer le développement autrement, le Danemark cherche à être plus cohérent et plus souple

L'approche adoptée par le Danemark pour pratiquer le développement autrement met l'accent sur les problèmes à résoudre et suscite une forte adhésion au niveau des hauts responsables. Fin 2019, le MAE a engagé une série de réformes dans le cadre de son approche DDD, en se fondant sur des données factuelles et sur la réflexion : les responsables et le personnel du MAE considèrent cette nouvelle approche comme une réponse nécessaire face aux évolutions du modèle de gestion du MAE. Parmi ces évolutions figurent l'accroissement du nombre de partenariats thématiques et multi-pays gérés depuis Copenhague, la multiplication des financements acheminés par l'intermédiaire du système multilatéral et la présence croissante du Danemark dans les contextes de fragilité. L'approche adoptée par le MAE pour pratiquer le développement autrement est également jugée utile pour l'aider à aligner ses instructions sur les besoins locaux. Il importe de noter que l'approche DDD du Danemark reconnaît que le MAE comme ses partenaires doivent être déterminés à changer et en avoir la capacité. La pandémie du COVID-19 et ses conséquences ont permis au MAE d'éprouver sa souplesse et sa disposition à compter sur la capacité d'adaptation de ses partenaires.

L'approche adoptée par le Danemark pour pratiquer le développement autrement a pour but d'inscrire sa coopération pour le développement dans une optique plus globale, cohérente, souple et adaptative. En particulier, elle s'applique à l'ensemble des instruments de financement du MAE et vise à renforcer les aspects suivants des stratégies, systèmes et programmes danois de coopération pour le développement :

- l'application d'une approche globale au cours de la préparation et de la mise en œuvre ;
- la cohérence stratégique et les synergies dans l'ensemble du portefeuille ;
- l'appropriation locale et le leadership ;

- l'accent sur des résultats durables inscrits sur le long terme ;
- la capacité d'adapter les programmes en tant que de besoin, sur la base d'un suivi et d'un apprentissage permanents.

L'approche adoptée par le Danemark pour pratiquer le développement autrement a eu le temps d'évoluer et n'a cessé d'être soutenue par la direction du MAE. Une phase pilote de deux ans a donné le temps nécessaire aux responsables du MAE pour mener une réflexion, procéder à des corrections de trajectoire et rallier le personnel avant d'appliquer l'approche aux activités du Danemark dans de nouveaux pays et territoires partenaires. Les réflexions du Danemark tirées de l'expérimentation de son approche au Kenya en 2019, au Burkina Faso en 2020 et, plus récemment, en Cisjordanie et dans la bande de Gaza revêtent un grand intérêt pour le CAD. Les Lignes directrices actualisées (Ministère des affaires étrangères du Danemark, 2021[13]) du Danemark sur la gestion de l'aide et une note d'orientation sur la gestion adaptative, finalisée récemment (Ministère des affaires étrangères du Danemark, 2020[41]), sont publiées en ligne et témoignent de l'engagement du MAE à l'égard de l'apprentissage permanent.

Il est probable que l'approche adoptée par le Danemark pour pratiquer le développement autrement se traduise par des transformations au niveau de sa présence dans les pays et de ses engagements multilatéraux

Si l'approche visant à pratiquer le développement autrement est relativement nouvelle pour le Danemark, elle a déjà entraîné une refonte de la planification stratégique et de la gestion des programmes dans les pays prioritaires. À titre d'illustration, les premiers projets pilotes d'application de cette approche au Kenya et au Burkina Faso ont débouché sur l'élaboration de plans nationaux complets mais souples, conçus pour s'adapter en fonction des circonstances (Encadré 5). S'appuyant sur une consultation à grande échelle et sur une vision globale des partenariats noués par le Danemark dans chaque pays, ce processus de planification reflète de nombreux aspects des bonnes pratiques recensés dans les examens par les pairs réalisés par le CAD au cours des dernières années. Le nouveau cadre de planification stratégique du Danemark marque une rupture importante avec l'approche précédente, qui consistait en une politique par pays définissant l'orientation stratégique du Danemark, associée à un document de programmation détaillé couvrant chacun des engagements bilatéraux. Le fait de fixer le cap général, mais pas les moyens d'action, s'inscrit dans le droit fil de la réflexion actuelle sur la gestion adaptative. Chaque intervention concrète mise au point conformément au cadre stratégique du pays peut comprendre une ligne budgétaire non allouée pouvant atteindre 20 %, ce qui permet d'adapter l'intervention, pour autant qu'elle contribue aux objectifs stratégiques convenus. En outre, jusqu'à 20 % du budget alloué au pays peuvent être réaffectés entre des programmes et projets approuvés. La publication de cadres stratégiques nationaux moins détaillés risque d'avoir une incidence sur la transparence et la prévisibilité des décisions du Danemark en matière de programmation – un inconvénient qui pourrait être pallié par une communication et une information du public régulières. Le Danemark peut également se servir des nouveaux cadres stratégiques pour préciser ou actualiser la manière dont il appliquera les principes d'efficacité du développement dans chaque contexte, en particulier dans les contextes fragiles ou dans les situations où la légitimité de l'État est limitée.

Les échanges de vue tenus en Somalie sont une illustration de la manière dont une approche visant à pratiquer le développement autrement pourra changer la donne dans les années à venir. L'établissement d'une communication informelle et le volontarisme de l'équipe pays ont permis au Danemark de relier ses différents partenariats de financement en faveur de la Somalie, et l'existence d'un budget non alloué important permet déjà à l'équipe pays de répondre à de nouveaux défis et de saisir de nouvelles opportunités. À l'avenir, l'adoption d'une approche plus résolue pour pratiquer le développement autrement pourrait permettre de coordonner certains des engagements du Danemark en Somalie avec les initiatives mondiales, en particulier le financement humanitaire géré au niveau des services centraux du MAE. Le programme pour la Somalie a à la fois étendu et approfondi les partenariats existants en utilisant des allocations supplémentaires au fur et à mesure de leur mise à disposition. Toutefois, une approche plus volontariste en matière de gestion adaptative aurait pu ouvrir la voie à un processus de réflexion, permettant ainsi à l'ambassade et aux collègues des services centraux de se pencher sur les résultats obtenus et sur les risques existant dans l'ensemble du portefeuille et de veiller à ce que l'accroissement du budget aille de pair avec une augmentation des effectifs de l'ambassade.

Encadré 5. Mettre en place des cadres par pays globaux et adaptatifs grâce à une nouvelle approche de la planification

L'expérimentation d'une approche DDD au Kenya et au Burkina Faso a permis au Danemark d'inscrire sa politique et sa programmation dans une optique globale, transparente et adaptative. Tous les engagements du Danemark ont été présentés sous une forme visuelle, indépendamment du ministère, du bureau ou de l'unité en charge. Ce système a aidé les membres de l'équipe pays à repérer les liens et les zones de chevauchement et, malgré une portée élargie, a permis d'établir des partenariats plus ciblés et allégés avec les pays.

Les cadres stratégiques des partenariats envisagés par le Danemark au Kenya et au Burkina Faso pour la période 2021-25 définissent des objectifs stratégiques et des résultats, mais pas d'engagements. Ils sont conçus pour pouvoir s'adapter au cours des cinq années et sont assortis d'orientations pour une gestion adaptative. Celles-ci énoncent quatre principes qui aident le personnel à choisir des partenaires et à sélectionner, formuler et gérer les engagements individuels en matière de développement. Dans le cas du Kenya, le projet de loi de finances 2021 prévoit un budget indicatif pour chaque objectif sur toute la période de la stratégie. Un nouveau processus annuel d'examen du portefeuille d'activités associe l'ensemble des membres de l'équipe pays afin de faciliter une réflexion stratégique régulière allant au-delà de l'évaluation des performances des différents partenariats. Ce nouveau processus de planification en est à un stade précoce et le MAE se penche déjà sur les enseignements tirés et les aspects à développer. De nombreux partenaires doivent encore élaborer des stratégies ou des plans d'adaptation pour concevoir et gérer les programmes individuels. Le Danemark comme ses partenaires devront investir davantage dans le suivi, l'évaluation et l'apprentissage afin de s'assurer que les corrections de trajectoire s'appuient sur les meilleures données disponibles pendant la période de mise en œuvre de la stratégie et au-delà.

Note : Cette pratique est décrite plus en détail dans Outils, enseignements et pratiques de la coopération pour le développement : www.oecd.org/cooperation-developpement-apprentissage. Les engagements mentionnés ici correspondent aux engagements de 2018, sauf indication contraire.
Source : Rapport d'évaluation préalable du MAE sur le programme-pays relatif au Burkina Faso (non publié) ; rapport du MAE (non publié) et note de réflexion sur le programme-pays relatif au Kenya ; entretiens avec des responsables et des partenaires ; ministère des Affaires étrangères du Danemark (2020[42]), Strategic Framework: Denmark-Kenya Partnership 2021-2025, https://um.dk/en/danida-en/strategies%20and%20priorities/country-policies/kenya/ ; ministère des Affaires étrangères du Danemark (à paraître), Strategic Framework: Denmark-Burkina Faso Partnership 2021-2025.

L'approche visant à pratiquer le développement autrement appliquée aux partenariats multilatéraux met l'accent sur un engagement cohérent auprès d'organisations clés. Le Danemark espère que la mise en place d'initiatives de gestion adaptative et d'initiatives visant à pratiquer le développement autrement renforcera et orientera le dialogue avec ses partenaires multilatéraux, tant au niveau des services centraux qu'au niveau des pays, et éclairera les décisions relatives au financement, y compris celles portant sur la part des financements par organisation qui devrait être préaffectée. Même à ce stade précoce, des données montrent que le fait de mettre l'accent sur une approche cohérente pour pratiquer le développement autrement permet d'exercer une influence multilatérale structurée et fondée sur des données factuelles. La contribution du Danemark à la Stratégie du Groupe de la Banque mondiale

Fragilité, conflits et violence 2020-2025 (Groupe de la Banque mondiale, 2020[43]) et les discussions sur le portefeuille du Fonds vert pour le climat axé sur l'adaptation (Encadré 3) en sont des exemples.

Le MAE a adopté d'excellentes pratiques pour permettre une gestion adaptative. Le MAE a publié des lignes directrices sur la gestion adaptative qui s'appliquent à la fois au personnel et aux partenaires. Il a établi de nouveaux niveaux de délégation de pouvoirs pour le Secrétaire d'État, ce qui confère plus de latitude au personnel du ministère pour s'adapter. Enfin, ses engagements en matière de financement comportent des budgets non alloués (appelés réserves d'adaptabilité). L'approche du Danemark fait fond sur les enseignements tirés par d'autres membres du CAD et reflète une bonne compréhension des nombreux défis que ces derniers ont recensés en matière de gestion adaptative (Ministère des affaires étrangères du Danemark, 2020[41] ; Sharpe et Wild, 2021[44]). Les principes énoncés dans les récentes lignes directrices sur la gestion adaptative devraient contribuer à faire en sorte que les réserves des budgets nationaux destinées à l'adaptabilité soient d'emblée délibérément adaptatives et pas seulement vouées à une utilisation souple. L'adaptation peut être déclenchée par le constat d'un défaut d'adhésion aux projets et/ou par une évolution du contexte – sécurité, besoins, climat politique, etc. – et peut prendre la forme d'une modification des modalités, de la façon dont les bénéficiaires sont ciblés et de l'orientation géographique. Avec le temps, il serait utile que le Danemark assure un suivi des circonstances qui ont déclenché l'adaptation (le moment où elle se produit et les raisons qui la motivent) et, en particulier, des éléments factuels qui suffisent à provoquer un changement. Une telle démarche favoriserait l'apprentissage et permettrait d'atténuer le risque de voir les priorités politiques l'emporter sur les besoins des pays ou les différents responsables ressentir une trop grande pression ou jouir d'une trop grande marge de manœuvre.

L'adaptation au contexte local est un principe important de l'approche visant à pratiquer le développement autrement. L'appropriation au niveau local constitue un principe fondamental qui guide la définition, la formulation et la mise en œuvre de tous les projets et programmes du Danemark – c'est-à-dire que les partenaires sont les chefs de file et que la coopération pour le développement soutient les efforts menés à l'échelon local. Dans ses lignes directrices, le Danemark reconnaît qu'il doit en permanence actualiser son analyse pour s'assurer que son approche contribue à un leadership solidement ancré et en mesure d'agir dans le contexte local, et à même de s'adapter aux évolutions. Le Danemark a à cœur de défendre et de valoriser ses partenaires locaux et encourage ses partenaires stratégiques à soutenir les acteurs de la société civile locale en leur apportant des financements souples et un soutien organisationnel à plus long terme. L'équipe chargée de l'examen par les pairs a pu le constater dans le cadre des partenariats établis par Save the Children à l'aide de fonds danois en Somalie. Le Danemark a également acquis une expérience précieuse des partenariats locaux directs au Burkina Faso. Ainsi, un fonds pour la société civile créé en 2008 apporte un soutien direct aux organisations locales et dans le cadre d'un programme de résilience des communautés locales, les efforts se sont concentrés sur l'objectif de rapprocher les décisions en matière d'adaptation au plus près des communautés concernées.

Les groupes de contact et les équipes de projet permettent de diffuser un nombre impressionnant d'analyses et d'informations au sein d'un système relativement petit, mais nécessitent des ressources considérables. Les équipes de projet au niveau des pays réunissent du personnel au fait des différents engagements afin de partager des éclairages et des enseignements et d'assurer la cohérence, ce qui semble favoriser plutôt que compromettre les approches adoptées par le Danemark pour exercer une influence informelle, lesquelles sont reconnues comme très efficaces par les partenaires (Nils Boesen a/s, 2019[45]). Un projet pilote consistant à créer des groupes de contact multilatéraux pour six des partenaires stratégiques du Danemark a permis d'engager des échanges structurés entre les équipes thématiques, les ambassades et les missions permanentes qui gèrent les contributions au budget central d'organismes multilatéraux. Dans un contexte de ressources humaines déjà grandement sollicitées, il risque d'être impossible d'atteindre l'objectif d'assurer la cohérence de l'action visant à pratiquer le développement autrement en appliquant ces dispositifs à plus grande échelle, au-delà des projets pilotes initiaux. En conséquence, le Danemark devra peut-être réfléchir à la composition optimale et au nombre idéal d'équipes de projet au niveau des pays et de groupes de contact multilatéraux à créer. Dans un premier temps, il serait utile d'examiner les groupes existants afin de préciser leurs objectifs et de déterminer les domaines dans lesquels le Danemark gagnerait le plus, en termes d'amélioration de l'efficacité et des performances, à mettre en place des approches conjointes. Les améliorations actuellement apportées aux systèmes de gestion des dons du Danemark devraient également contribuer à une meilleure circulation de l'information au sein du système, laissant ainsi plus de latitude aux groupes de contact pour définir des stratégies cohérentes et orienter le dialogue sur les politiques.

L'approche visant à pratiquer le développement autrement passe par des budgets souples, des partenariats et des systèmes de gestion des risques

L'approche du Danemark en matière de financement et de budget contribue à son approche visant à pratiquer le développement autrement. En tout premier lieu, le budget d'APD du Danemark est plus prévisible que ceux de la plupart de ses pairs au sein du CAD, tant en termes d'enveloppe annuelle globale (Encadré 1) que d'aptitude à prendre des engagements sur plusieurs années à travers le projet de loi de finances. Les ajustements trimestriels et les lignes budgétaires non allouées mais prévisibles (réserves d'adaptabilité) permettent aux ambassades et aux autres unités opérationnelles d'ajuster les budgets et les allocations en cours d'année et de relier ces ajustements au contexte et aux performances. En outre, et c'est là un aspect important, les partenaires du Danemark, y compris certaines organisations locales, bénéficient de la même souplesse et de la même prévisibilité en matière de financements, ce qui leur permet d'entreprendre une planification à plus long terme.

Les partenariats fondés sur la confiance sont indispensables pour assurer une gestion adaptative. Un des enseignements essentiels qui se dégage de l'expérience du Royaume-Uni concerne l'importance de la confiance – c'est-à-dire la nécessité de donner aux partenaires la marge de manœuvre, l'autonomie et la compétence nécessaires pour tester et expérimenter des mesures (Menocal et al., 2021[46]). Le Danemark transmet à juste titre à ses partenaires la responsabilité première de s'adapter et son approche des partenariats se fonde sur les systèmes établis par les partenaires. Cette approche a déjà permis d'établir un socle de confiance, et la note d'orientation sur la gestion adaptative souligne que si l'échec est acceptable, l'incapacité d'en tirer des enseignements ne l'est pas. Il s'agit là de bonnes pratiques. Cependant, peu nombreux sont les partenaires du Danemark qui ont à ce jour intégré des déclencheurs ou des outils d'adaptation dans leurs systèmes, et de nombreux programmes sont limités par les exigences en matière de financement imposées par des organisations moins souples. Pour atteindre le niveau de souplesse et d'agilité que permet l'approche DDD, il sera capital d'amener les partenaires à une situation où leur direction et leur personnel sont en mesure et désireux d'assurer un suivi, d'apprendre et d'adapter leurs propres systèmes. Reconnaître l'apprentissage comme un résultat en soi peut encourager les partenaires à abandonner les approches traditionnelles de suivi et de gestion. Plusieurs membres du CAD s'efforcent de mettre au point des approches adaptatives et pourraient s'inspirer des enseignements et de l'expérience du Danemark.

L'approche du Danemark en matière de gestion des risques est bien développée, transparente et directement liée aux décisions de programmation. La gestion des risques est considérée comme un processus itératif dans lequel l'atténuation des risques influe sur la conception et la mise en œuvre des programmes et est liée à un processus de gestion adaptative. La matrice des risques est révisée régulièrement, et les risques et les mesures d'atténuation des risques sont réévalués. Ce réexamen périodique est un exercice délibéré et concret qui peut conduire les responsables à réajuster le projet, la théorie du changement, le cadre de résultats et/ou les mesures d'atténuation des risques. Les audits annuels servent également d'instrument pour réévaluer les risques. La volonté du Danemark d'examiner ouvertement les risques, au niveau politique comme pratique, renforce sa réputation de transparence et contribue à renforcer la confiance.

Considérations pour l'avenir

Des attentes claires de la part des hauts responsables concernant l'approche visant à pratiquer le développement autrement et des points de réflexion périodiques aideraient le personnel à déterminer les domaines nécessitant le plus d'efforts au fur et à mesure du déploiement de cette approche. Un cadre de suivi de l'approche DDD permettrait au Danemark de vérifier si elle fonctionne, d'évaluer les domaines nécessitant le plus d'efforts (ce qui est important dans un contexte où les effectifs sont déjà très sollicités) et d'assurer un retour d'expérience systématique auprès des équipes des unités d'évaluation et d'apprentissage de manière à l'affiner encore. Une évaluation récente des projets pilotes de suivi en temps réel livre certains enseignements à l'intention du MAE s'agissant de déterminer le moment opportun d'engager des processus formels, et met en évidence la nécessité de planifier les investissements nécessaires à ces processus (Brandt Broegaard, 2021[47]).

L'approche visant à pratiquer le développement autrement exige du MAE qu'il investisse dans le suivi et l'apprentissage. Les économies de coût liées à la réduction du nombre de dons de petite et moyenne taille devraient permettre, entre autres moyens, de dégager des ressources supplémentaires pour le suivi, l'apprentissage et l'évaluation. Il importe que le suivi et l'apprentissage restent fermement ancrés au niveau des ambassades et que des ressources humaines suffisantes soient affectées à ces tâches. Un budget supplémentaire destiné à financer le suivi, l'évaluation et l'apprentissage au Kenya et en Somalie a été approuvé récemment, ce dont on peut se féliciter. Toutefois, il est prévu que cette fonction soit assurée par un expert externe ou un consultant, qui ne pourra remplacer totalement l'ambassade en termes de rôle et de responsabilités, et cette situation rendra peut-être difficile, pour le MAE, de bien cerner l'expérience de ses partenaires. Par ailleurs, il importera que le MAE, en plus de recenser les résultats et les adaptations en cours de mise en œuvre dans le cadre des programmes individuels et au sein des unités opérationnelles décentralisées, veille à ce que les activités de suivi permanent consolident l'apprentissage interne et offrent aux responsables une vue d'ensemble stratégique et opportune des réalisations en cours et des domaines où résident des défis.

Des travaux supplémentaires visant à définir et à gérer les résultats contribueraient à une approche à l'échelle du portefeuille et aideraient le MAE à orienter et à gérer les performances, et à tirer des enseignements en la matière. L'approche adoptée par le MAE pour pratiquer le développement autrement encourage utilement une culture du résultat en concentrant l'attention de son personnel sur la façon dont le Danemark contribue au développement durable à travers ses divers instruments de financement et stratégies d'influence. Cela étant, en 2019, une évaluation de l'approche du Danemark en matière de gestion des résultats de ses partenariats multilatéraux relevait que le MAE avait une culture peu développée de l'établissement de rapports, ainsi que des systèmes sous-développés de compte rendu et de récupération des résultats. À l'heure actuelle, les résultats sont assez spécifiques au contexte et aux programmes individuels, ce qui limite leur exploitation pour l'orientation stratégique et l'apprentissage entre des portefeuilles recouvrant plusieurs programmes et thématiques. Au MAE, la réflexion stratégique est plus souvent déclenchée par les évaluations. En outre, les résultats attendus de l'approche adoptée pour pratiquer le développement autrement pourraient être plus clairement formulés – actuellement, un plan d'action interne décompose la raison d'être de cette approche en six objectifs stratégiques. L'ambition de pratiquer le développement autrement étant considérée comme un projet stratégique, ces objectifs sont examinés dans le cadre du processus interne de gouvernance stratégique institutionnelle du MAE et seront pris en compte dans les évaluations à venir. Toutefois, un fossé subsiste entre le niveau du plan d'action et celui des objectifs stratégiques, qui pourrait être utilement comblé en élaborant un cadre de suivi à l'aide duquel les responsables pourraient assurer un suivi permanent afin de déterminer si l'approche DDD est en voie d'atteindre ses objectifs.

Le Danemark a progressé dans la définition de la manière dont il entend influencer ses partenaires multilatéraux. Les lignes directrices du Danemark relatives au soutien aux organisations multilatérales sous forme de contributions à leur budget central ou de contributions préaffectées selon des critères souples[18] ont été mises à jour pour tenir compte de l'approche visant à pratiquer le développement autrement. En outre, les stratégies relatives aux organisations définissent des objectifs plus clairs en matière d'influence, à l'instar de la stratégie de coopération du Danemark avec le Groupe de la Banque mondiale (Ministère des affaires étrangères du Danemark, 2019[48]). Ces documents seront utiles pour suivre les progrès accomplis. Le Danemark pourrait s'appuyer sur ces stratégies pour définir ses priorités en matière d'orientation et d'influence concernant la Commission européenne, son principal bénéficiaire d'APD, dans le cadre d'une collaboration avec d'autres États membres de l'Union européenne. L'amélioration de la circulation de l'information grâce aux groupes de contact DDD pourrait contribuer avec le temps à la définition de stratégies d'influence et au recensement des domaines dans lesquels des résultats sont obtenus, ce qui permettra de concentrer encore les efforts.

Il y a matière à mettre à profit l'approche visant à pratiquer le développement autrement pour favoriser l'apprentissage interne et entre pays. L'approche DDD met actuellement l'accent sur la cohérence de l'action au niveau de chacun des pays et des partenaires multilatéraux. Au regard du vif intérêt exprimé lors d'un atelier organisé récemment au Niger, qui portait sur le secteur privé et auquel participaient des membres de l'équipe travaillant avec la Somalie, il y a lieu de penser qu'il existe une forte demande à l'égard de l'apprentissage entre les pays. Une demande tout aussi forte pourrait exister à l'égard d'un apprentissage institutionnel plus vaste, puisant dans les enseignements dégagés de l'application de l'approche visant à pratiquer le développement autrement.

Plusieurs possibilités s'offrent pour renforcer l'engagement du Danemark en faveur d'un ancrage local et de l'appropriation locale. Les partenaires interrogés pendant la mission en Somalie ont estimé que le Danemark pouvait apporter un soutien plus direct aux organisations locales, ce qui lui permettrait de tirer parti de solutions locales et de renforcer les capacités institutionnelles à plus long terme. Plusieurs moyens peuvent être mis en œuvre pour attirer l'attention sur l'ancrage local au sein du MAE et parmi les partenaires d'exécution :

- Encourager les partenaires multilatéraux du Danemark à s'engager à assurer un ancrage local et à favoriser l'appropriation locale. Le MAE a déjà intégré avec succès les principes d'ancrage local dans ses partenariats stratégiques avec des ONG et dans plusieurs dons à la société civile.

- Revoir les processus d'octroi de dons du Danemark en vue de les rendre plus souples et mieux adaptés à la fois à l'établissement de partenariats directs avec des acteurs locaux et à l'octroi de dons plus modestes ayant un effet catalyseur.

- Examiner l'expérience du Danemark en matière d'assistance technique, en particulier les détachements de conseillers internationaux auprès des gouvernements partenaires, afin de déterminer comment cette approche peut contribuer et contribue effectivement au renforcement du programme du Danemark en faveur d'un ancrage local, et de communiquer sur cet aspect.

Recommandation

6. En sa qualité de fervent défenseur de la gestion adaptative, le ministère des Affaires étrangères du Danemark devrait continuer de conjuguer prévisibilité des financements et programmation adaptative, en conférant au personnel en poste dans les pays partenaires un rôle important en matière de planification et de partenariats et en mettant en place des processus pour favoriser l'apprentissage interne.

Réduire la pauvreté, protéger les droits humains et ne laisser personne de côté

Les engagements du Danemark en faveur des droits humains et de l'égalité femmes-hommes sont plus clairs que l'accent qu'il met sur la pauvreté

Le Danemark s'engage de façon claire et sans équivoque à protéger les droits humains et à établir l'égalité entre les sexes. La protection des droits humains est l'un des objectifs inscrits dans la législation du Danemark en matière de coopération pour le développement. Le Danemark adhère également à toutes les conventions de l'ONU relatives aux droits socio-économiques et politiques, et les objectifs définis dans la loi danoise sur la coopération internationale pour le développement sont présentés comme conformes à la Charte des Nations unies, à la Déclaration universelle des droits de l'homme et aux conventions des Nations unies concernant les droits de l'homme. L'un des objectifs de la stratégie intitulée *Le Monde à l'horizon 2030* est spécifiquement axé sur la liberté, la démocratie, les droits humains et l'égalité. Antérieur au Programme 2030, le cadre stratégique du MAE pour l'égalité femmes-hommes et les droits humains livre une compréhension globale de la promotion, la protection et la défense des droits humains, et accorde autant d'attention aux responsables tels que les administrations et aux titulaires de droits, qu'il s'agisse de particuliers et de groupes représentatifs (Ministère des affaires étrangères du Danemark, 2014[49]).

L'approche du Danemark concernant l'inclusion et de la réduction de la pauvreté est définie de façon moins claire. La réduction de la pauvreté figure parmi les objectifs inscrits dans la législation du Danemark. À un niveau international, le Danemark a souscrit à l'engagement du Programme 2030 de ne laisser personne de côté. En outre, en reconnaissance du 5ème principe de la Recommandation du CAD sur l'articulation entre action humanitaire, développement et recherche de la paix, le Danemark s'est engagé à « placer l'être humain au centre, en luttant contre l'exclusion et en agissant en faveur de l'égalité entre les femmes et les hommes » dans l'élaboration de ses programmes (OCDE, 2019[33]). Contrairement à de précédentes politiques qui désignaient de façon explicite la réduction de la pauvreté et la protection des droits humains comme des objectifs prioritaires de la démarche du Danemark en matière de coopération pour le développement, la stratégie *Le Monde à l'horizon 2030* intègre les éléments relatifs à la réduction de la pauvreté dans ses quatre objectifs et désigne l'ODD 1 (pas de pauvreté) comme ODD prioritaire à l'échelon mondial et dans les contextes à faible revenu et fragiles. Dans les faits, la réduction de la pauvreté demeure plus que jamais une composante de l'identité et de la réputation du Danemark. En effet, le mémorandum du Danemark exposant l'examen par les pairs stipule que « le principe de ne laisser personne de côté et l'approche du développement fondée sur les droits humains sont des volets fondamentaux des actions extérieures danoises et ils contribuent à orienter l'aide danoise en faveur des groupes marginalisés et les plus défavorisés » (Ministère des affaires étrangères du Danemark, 2021[50]). Cependant, aucune orientation ne précise à ce jour comment le Danemark devrait atteindre l'objectif de réduction de pauvreté.

Le Danemark achemine une APD substantielle vers les pays les moins avancés et les pays à faible revenu, ainsi que dans les contextes et états en situation de crise et de fragilité, mais cette aide a

diminué au cours des dernières années. L'APD danoise est axée sur les contextes de pauvreté et de fragilité et sur les secteurs sociaux, et les dix premiers bénéficiaires de l'APD bilatérale du Danemark en 2019 étaient des pays et territoires à faible revenu et/ou fragiles.[19] Cette adéquation entre les priorités géographiques et la répartition des financements est importante pour la crédibilité du Danemark en tant que militant d'envergure internationale plaidant en faveur des besoins de ces pays. La tendance à plus long terme concernant le soutien en faveur des contextes de pauvreté et de fragilité est toutefois moins encourageante : l'APD apportée aux pays les moins développés a chuté de 58 % entre 2011 et 2018 ; plusieurs engagements de long terme en Afrique subsaharienne ont été remplacés par des engagements plus récents au Sahel et dans la Corne de l'Afrique ; et la part de l'APD du Danemark ciblée géographiquement est désormais moindre, avec un repli de 71 % en 2011 à 49 % en 2019 (OCDE, 2021[51]).

Le Danemark lutte contre les conséquences directes de la pauvreté et des inégalités par le biais de ses programmes. Les programmes de protection sociale et de protection de l'enfance, les programmes sociaux de transferts monétaires, les programmes consacrés aux moyens de subsistance et à la résilience des communautés, et l'agriculture durable en sont des exemples. Le Danemark structure aussi son aide humanitaire et son soutien aux réfugiés et aux personnes déplacées internes sous l'angle des personnes laissées de côté. Ces dernières années, le Danemark a mis l'accent sur le développement du secteur privé et l'emploi des jeunes comme option de sortie de la pauvreté et comme alternative pour les jeunes envisageant de migrer en situation irrégulière. Les travaux du Danemark sur les droits humains et la démocratie agissent de toute évidence sur certains leviers de la pauvreté et des inégalités, bien que ces liens ne soient pas articulés ni suivis de façon cohérente.

L'approche du Danemark fondée sur les droits trace les contours de ses actions de plaidoyer

Le Danemark a une réputation solide en tant que défenseur de l'égalité entre les sexes et des droits des femmes, ainsi que de la démocratie et de la lutte contre la torture. Outre un soutien financier apporté aux partenaires internationaux œuvrant sur les questions de gouvernance, d'égalité femmes-hommes et d'autonomisation des femmes, et des droits humains, le Danemark mène depuis longtemps des actions de plaidoyer dans ces domaines, en collaboration avec ses partenaires à l'échelon mondial et notamment avec les donneurs nordiques.

Par le biais de ses programmes à l'échelon local, le Danemark fait progresser les questions de l'égalité femmes-hommes, de la protection de l'enfance, des droits humains et de la démocratie, sous un angle pragmatique et stratégique. En Somalie, les partenaires apprécient l'approche claire et cohérente adoptée par le Danemark pour identifier, mettre en place et protéger les droits socio-économiques et politiques, en y voyant la marque de fabrique du Danemark. Le Danemark soutient sa société civile et ses partenaires multilatéraux pour changer la législation, proposer des formations, fournir des services et amplifier la voix des groupes et régions marginalisés. La capacité du Danemark à mobiliser ses ressources diplomatiques et techniques, ainsi que ses partenariats internationaux et locaux, a été mise en lumière l'année passée en Somalie et au Somaliland, où il a joué un rôle de premier plan en convainquant le parlement de réexaminer la loi relative aux violences sexuelles, faisant ainsi échouer les tentatives des conservateurs religieux de faire adopter un texte bien plus restreint et moins progressiste intitulé « loi relative aux crimes liés aux relations sexuelles ».

Une analyse approfondie, des alliances et une volonté de faire porter sa voix renforcent l'accent mis par le Danemark sur la pauvreté, les droits humains et l'objectif de ne laisser personne de côté

Le Danemark accorde une grande importance à la réalisation d'une analyse approfondie par pays, et à sa mise à jour, y compris en s'inspirant d'opinions et d'informations diverses. En s'attachant à comprendre le contexte de chaque pays et l'économie politique au sein de laquelle il opère, le Danemark peut influencer et alimenter les processus d'un façon informée et efficace. Le Danemark demande des données ventilées, notamment dans le domaine de l'égalité femmes-hommes, et accompagne l'analyse budgétaire par sexe dans plusieurs pays. Le réseau « Doing Development Differently » encourage les équipes à tenir leur analyse à jour et à réexaminer leurs décisions lorsque la conjoncture évolue.

Le Danemark excelle dans l'instauration de liens. L'un des points forts du Danemark est son engagement à instaurer des consultations et un dialogue aussi bien à son échelle que parmi ses pays partenaires. Par exemple, les travaux récents consacrés à l'espace dévolu à la société civile ont reposé sur une étroite collaboration avec la société civile au Danemark, et les partenaires ont apprécié le processus approfondi de consultation et l'engagement à bâtir une vision et des objectifs communs. Ses alliances avec le Groupe nordique ont joué un rôle fondamental dans les actions du Danemark pour la défense des droits des femmes et de la santé et des droits sexuels et reproductifs. Aux côtés des Pays-Bas, de la Suède et de la Belgique, le Danemark compte parmi les membres fondateurs de l'initiative « She Decides » qui œuvre pour la liberté de choix des femmes en matière de reproduction.

L'approche du Danemark au regard des partenariats encourage à mettre l'accent sur la pauvreté, l'inclusion et les droits humains. Comme l'illustre le cas de la Somalie, le Danemark est un partenaire apprécié, prompt à apporter son soutien, qui n'a pas peur de faire porter sa voix et d'adopter un positionnement critique. La crédibilité du Danemark repose en partie sur sa propre histoire en matière de démocratie et d'inclusion, et sur la conviction que l'accent mis sur les droits humains et les libertés fait écho aux valeurs danoises.

Considérations pour l'avenir

Aux yeux de nombreux partenaires du Danemark, il existe un risque que l'accent mis sur le changement climatique, le développement du secteur privé et les migrations irrégulières se fasse au détriment de la priorité accordée à la réduction de la pauvreté et aux droits humains. Énoncer avec plus de clarté la façon dont les partenariats du Danemark contribueront à réduire la pauvreté et faire progresser les droits humains préserverait la réputation de sa marque de fabrique en tant que défenseur de l'égalité femmes-hommes et des droits humains. La nouvelle stratégie pourrait mettre clairement en lumière les interconnexions entre la pauvreté, l'égalité femmes-hommes, les droits humains, le climat et la fragilité. Cela renforcerait le message selon lequel l'adaptation au changement climatique et la création d'emplois sont essentielles au soutien des communautés laissées de côté et aux populations vivant dans des contextes fragiles, rassurant ainsi les acteurs qui ont le sentiment que l'attention accordée par le Danemark à la réduction de la pauvreté et à l'inclusion s'est érodée au fil du temps.

Les actions de plaidoyer et les programmes du Danemark ne contribueront pas de façon automatique à la réduction de la pauvreté et à la progression des droits humains, même s'il y a une tendance à présumer qu'ils y contribueront. À l'image de la prise en compte systématique d'autres questions par le CAD, le Danemark doit veiller à ce que ses plans et programmes aillent au-delà des objectifs fixés, formulent une théorie du changement pour leur contribution, et mesurent la contribution réelle de chaque intervention et portefeuille à la réduction de la pauvreté et à la protection des droits humains. Le MAE pourrait clarifier davantage dans quelle mesure chaque programme et initiative vise à contribuer à ces objectifs et veiller à ce que ceci se reflète dans les systèmes d'assurance-qualité. Par exemple, le ministère décrit l'engagement au Burkina Faso sur la période 2021-25 comme une volonté de « réduire la pauvreté et les inégalités grâce à une meilleure résilience et à une croissance économique durable », engagement repris dans un objectif stratégique unique (Ministère des affaires étrangères du Danemark, (à paraître)[52]). Cependant, le rapport interne d'évaluation préalable du MAE n'a pas évalué dans quelle mesure la réduction de la pauvreté, le respect de l'égalité femmes-hommes ou la protection des droits humains ont été abordés par des interventions individuelles ou la stratégie globale. Le Conseil pour la politique de développement n'a pas non plus commenté l'accent mis sur la pauvreté et les droits humans au moment d'approuver le document du MAE (Ministère des affaires étrangères du Danemark, 2020[53]).

Des orientations plus explicites et des mécanismes de contrôle plus rigoureux pourraient donner de l'assurance au personnel lorsqu'il défend l'intégrité de l'APD et les politiques internationales du Danemark. Les orientations, l'assurance-qualité et les systèmes de notification devraient prévaloir pour tous les instruments de l'APD. Les partenaires ont suggéré qu'il serait utile de disposer d'outils tels que des modèles d'indicateurs assortis d'exigences claires concernant ces domaines ; des orientations sur les données ventilées dans les cadres de suivi (sachant que c'est difficile dans les contextes fragiles et lorsque l'on souhaite renforcer les systèmes nationaux) ; des exigences claires pour l'analyse des hypothèses et des risques. Par exemple, ni les documents relatifs au programme et à la politique pour le Kenya ni ceux pour la Somalie ne formulent clairement l'accent mis sur la pauvreté de leurs volets liés au secteur privé. En outre, même si une proposition de soutien pluriannuel en faveur du Partenariat CDN[20], soumise au Conseil en novembre 2020, aide les pays les moins développés à prévoir une action à l'appui du climat dans le droit fil de l'Accord de Paris, elle ne fait aucune référence explicite à la réduction de la pauvreté ou à la lutte contre les inégalités dans ses principes de base ou son évaluation des risques (Ministère des affaires étrangères du Danemark, 2020[54] ; Ministère des affaires étrangères du Danemark, 2020[55]). Les membres du Conseil n'ont pas répertorié le manque d'attention accordée à la réduction de la pauvreté comme un problème. Demander de façon explicite au Conseil d'examiner l'accent mis sur la pauvreté des interventions pourrait amener l'approche du Danemark à gagner en cohérence.

L'accent mis par le Danemark sur la pauvreté et les droits humains repose sur les connaissances, l'engagement et la capacité d'influence de son personnel, notamment ses spécialistes du développement dotés d'une vaste expérience au niveau des pays. En général, le personnel du MAE est déterminé à garantir la contribution de la coopération danoise pour le développement à la réduction de la pauvreté et à de la protection des droits humains. Faute d'un suivi rigoureux et d'orientations claires, cette dépendance vis-à-vis des membres de son personnel constitue une stratégie risquée pour le Danemark, notamment dans les contextes fragiles où le pays est de plus en plus présent et où les capacités sont souvent faibles. Ce risque est décuplé par le nombre limité, et qui plus est en baisse, de spécialistes du développement au sein du MAE, capables d'assurer un rôle de conseil technique et d'assurance-qualité, lors de la conception et de l'évaluation des programmes et tout au long de leur mise en œuvre.

Les volets des politiques nationales relatifs aux réfugiés et aux demandeurs d'asile présentent un risque pour la réputation internationale du Danemark en tant que défenseur des droits humains. À l'issue de l'examen par les pairs de 2016, le Danemark s'est vu recommander d'améliorer la compréhension à l'échelle de l'ensemble de l'administration des répercussions de son engagement afin de garantir la cohérence de ses politiques avec les objectifs de développement durable. Cette recommandation demeure pertinente pour de nombreux membres du CAD, notamment au regard des politiques nationales visant à réduire les migrations irrégulières. Les mesures adoptées pour décourager ces migrations à destination du Danemark comprennent les modifications apportées aux politiques danoises relatives aux demandeurs d'asile et aux réfugiés. Le Haut Commissaire des Nations Unies pour les réfugiés a exprimé des inquiétudes concernant l'évolution de la politique d'intégration du Danemark, qui s'est muée en politiques de séjours courts pour les personnes qui n'ont pas obtenu le statut de réfugié au Danemark (HCR, 2021[56]), et concernant les propositions récemment formulées par le Danemark visant à traiter les demandes d'asile dans un pays tiers (HCR, 2021[57]).[21] De nombreux articles parus dans les médias de toutes couleurs politiques ont présenté le Danemark sous un jour peu flatteur sur ces questions (Bendixen, 2021[58] ; O'Sullivan, 2020[59] ; Da Silva, 2021[60]). Ces critiques contrastent fortement avec l'excellente réputation du Danemark en matière de promotion des droits humains. Le Danemark demeure notamment un défenseur engagé des droits des réfugiés et des populations déplacées dans les pays en développement, y compris de l'accès aux opportunités économiques. En s'attaquant à ces zones d'incohérence stratégique, le Danemark atténuerait le risque pour sa réputation et restaurerait de la cohérence au regard de son engagement à contribuer à un monde « plus sûr, plus libre, plus prospère, plus durable et plus juste pour les générations futures » (Ministère des affaires étrangères du Danemark, 2017[8]). Il enverrait aussi un signe d'encouragement aux autres membres du CAD qui se heurtent à des défis analogues.

Recommandations

7. Pour être sûr que le Danemark tienne son engagement stratégique de réduction de la pauvreté et de lutte contre les inégalités, après avoir articulé ces éléments, son ministère des Affaires étrangères devrait formuler pour son personnel des orientations qui définissent des exigences claires, applicables à toutes les entités administratives concernées, et suivre de façon rigoureuse la contribution des politiques, partenariats et programmes à la réduction de la pauvreté et des inégalités.

8. Afin de préserver sa réputation de défenseur engagé des droits humains et d'acteur du développement obéissant à des principes, le Danemark devrait prendre des mesures pour supprimer les éventuelles incohérences entre ses objectifs en matière de coopération pour le développement et ses politiques nationales relatives aux réfugiés, aux demandeurs d'asile et aux migrations irrégulières.

Références

Agence européenne pour l'environnement (2021), *EEA greenhouse gas - data viewer (base de données)*, https://www.eea.europa.eu/data-and-maps/data/data-viewers/greenhouse-gases-viewer (consulté le 21 avril 2021). [20]

Bendixen, M. (2021), « Opinion: Denmark has gone far-right on refugees », *Politico*, https://www.politico.eu/article/denmark-has-gone-far-right-on-refugees/ (consulté le 26 avril 2021). [58]

Brandt Broegaard, E. (2021), *Testing Real-Time Evaluations for Enhanced Adaptability in Danish Aid Programmes*, Ministère des affaires étrangères du Danemark, Copenhague, https://um.dk/en/danida-en/results/eval/eval_reports/publicationdisplaypage/?publicationID=4021B051-AA99-4F26-84B5-4792616D45E4 (consulté le 26 avril 2021). [47]

Bureau du vérificateur général (2021), « Climate change assistance provided to the developing countries », dans *Extract from Rigsrevisionen's report submitted to the Public Accounts Committee*, Rigsrevisionen (Bureau du vérificateur général), Copenhague, https://uk.rigsrevisionen.dk/Media/3/6/9-2020-UK.pdf (consulté le 26 avril 2021). [5]

Bureau du vérificateur général (2017), *Report on the Use and Calculation of Denmark's Development Assistance*, Rigsrevisionen (Bureau du vérificateur général), Copenhague, https://uk.rigsrevisionen.dk/audits-reports-archive/2017/jun/report-on-the-use-and-calculation-of-denmarks-development-assistance (consulté le 26 avril 2021). [6]

Da Silva, C. (2021), *Denmark accused of 'sacrificing the future' of Syrian children*, https://www.euronews.com/2021/04/21/denmark-accused-of-sacrificing-the-future-of-syrian-children (consulté le 26 avril 2021). [60]

Danish Council on Climate Change (2018), *The Role of Biomass in the Green Transition*, https://klimaraadet.dk/en/rapporter/role-biomass-green-transition. [21]

Farand, C. (2019), *Denmark's new government raises climate change to highest priority*, https://www.climatechangenews.com/2019/06/26/denmarks-new-government-raises-climate-change-highest-priority/. [29]

Funder, M. et al. (2020), *Climate Change Adaptation and Development*, Institut danois d'études internationales, Copenhague, https://www.diis.dk/en/research/climate-change-adaptation-and-development. [24]

Gouvernement du Danemark (2020), *A Green and Sustainable World: The Danish Government's Long-term Strategy for Global Climate Action*, https://um.dk/~/media/um/klimastrategi/a_green_and_sustainable_world.pdf?la=en. [19]

Groupe de la Banque mondiale (2020), *Stratégie du Groupe de la Banque mondiale : Fragilité, conflits et violence 2020–2025*, https://documents1.worldbank.org/curated/fr/461291612960159930/pdf/World-Bank-Group-Strategy-for-Fragility-Conflict-and-Violence-2020-2025.pdf (consulté le 26 avril 2021). [43]

HCR (2021), *UNHCR Observations on the Proposal for Amendments to the Danish Alien Act (Introduction of the possibility to transfer asylum-seekers for adjudication of asylum claims and accommodation in third countries)*, Haut-Commissariat des Nations Unies pour les réfugiés (HCR), Genève, https://www.unhcr.org/neu/52625-observations-from-unhcr-on-danish-law-proposal-on-externalization.html (consulté le 20 avril 2021). [57]

HCR (2021), *UNHCR Recommendations to Denmark on Strengthening Refugee Protection*, Haut-Commissariat des Nations Unies pour les réfugiés (UNHCR), Genève, https://www.unhcr.org/neu/49885-recommendations-to-denmark-on-strengthening-refugee-protection.html (consulté le 20 avril 2021). [56]

Investment Fund for Developing Countries (2020), *2020 IFU Annual Report*, Investment Fund for Developing Countries, Copenhague, https://www.ifu.dk/wp-content/uploads/2021/04/IFU-AR-2020-samlet-16042021.pdf. [37]

Lindegaard, L., M. Funder et E. Friis-Hansen (2021), *Preparatory study for the evaluation of Denmark's development cooperation on climate change adaptation*, Danish Institute for International Studies, Copenhague, https://pure.diis.dk/ws/files/4105344/Prep_study_DKs_dev_coop_climate_change_adaptation_DIIS_WP_2021_02.pdf. [22]

LTS International (2015), *Evaluation of Denmark's Climate Change Funding to Developing Countries*, Ministère des affaires étrangères du Danemark, Copenhague, https://um.dk/en/danida-en/results/eval/eval_reports/publicationdisplaypage/?publicationID=78A4C31A-7B8F-4681-8810-9674913C73A7. [31]

Menocal, A. et al. (2021), *LearnAdapt: Lessons from Three Years of Adaptive Management*, Overseas Development Institute, Londres, https://odi.org/en/insights/learnadapt-lessons-from-three-years-of-adaptive-management/ (consulté le 11 mai 2021). [46]

Ministère des Affaires étrangères du Danemark (2020), *Danish Organisation Strategy for the Green Climate Fund (2020-23)*, https://um.dk/~/media/um/danida-en/danish%20organisation%20strategy%20for%20the%20green%20climate%20fund%202021-23.pdf?la=da. [27]

Ministère des affaires étrangères du Danemark (2021), *2021 DAC Peer Review Memorandum - Denmark*, https://one.oecd.org/document/DCD/DAC/AR(2021)1/5/en/pdf. [50]

Ministère des affaires étrangères du Danemark (2021), *Council for Development Policy (page web)*, https://um.dk/en/danida-en/about-danida/danida-transparency/danida-documents/council-for-development-policy/#:~:text=The%20Council%20for%20Development%20Policy%20provides%20advice%20to%20the%20Minister,implementation%20of%20Danish%20development%20cooperat (consulté le 26 avril 2021). [4]

Ministère des affaires étrangères du Danemark (2021), *Danida - Aid Management Guidelines (page web)*, https://amg.um.dk/ (consulté le 26 avril 2021). [13]

Ministère des affaires étrangères du Danemark (2021), *Danida transparency (page web)*, https://um.dk/en/danida-en/about-danida/danida-transparency/ (consulté le 26 avril 2021). [14]

Ministère des affaires étrangères du Danemark (2021), *Management Response to the Evaluation of Danish Support for Climate Change Adaptation in Developing Countries*, https://um.dk/~/media/um/danish-site/documents/danida/resultater/eval/2020climatechangemgtresp.pdf?la=en. [30]

Ministère des affaires étrangères du Danemark (2020), *Aid Management Guidelines - Fragility Risk and Resilience Analysis Tool*, https://amg.um.dk/en/tools/fragility-risk-and-resilience-analysis-tool/ (consulté le 9 juin 2021). [40]

Ministère des affaires étrangères du Danemark (2020), *Council for Development Policy Meeting 10 September 2020 (minutes)*, https://um.dk/en/danida-en/about-danida/danida-transparency/danida-documents/council-for-development-policy/upcoming-council-meetings/upr100920/. [53]

Ministère des affaires étrangères du Danemark (2020), *Council for Development Policy Meeting 26 November 2020*, https://um.dk/en/danida-en/about-danida/danida-transparency/danida-documents/council-for-development-policy/upcoming-council-meetings/upr261120/ (consulté le 26 avril 2021). [54]

Ministère des affaires étrangères du Danemark (2020), *Danish Support to the NDC-P Partnership 2020-2022*, Agenda Item 5, Council for Development Policy Meeting, https://um.dk/~/media/um/danida-en/agenda%20item%205%20%20danish%20support%20to%20the%20national%20dertermined%20contributions%20ndc%20partnership.pdf?la=en (consulté le 26 avril 2021). [55]

Ministère des affaires étrangères du Danemark (2020), *Guidance Note: Adaptive Management*, https://amg.um.dk/en/tools/guidance-note-for-adaptive-management/. [41]

Ministère des affaires étrangères du Danemark (2020), *Strategic Framework: Denmark-Kenya Partnership 2021-2025*, https://um.dk/en/danida-en/strategies%20and%20priorities/country-policies/kenya/ (consulté le 26 avril 2021). [42]

Ministère des affaires étrangères du Danemark (2020), *The Government's Priorities for Danish Development Cooperation 2021: Expenditure Framework for Danish Development Cooperation, 2021-2024*, https://um.dk/en/danida-en/strategies%20and%20priorities/government-priorities---danish-development-assistance/ (consulté le 22 avril 2021). [9]

Ministère des affaires étrangères du Danemark (2019), *Strategy for Denmark's Cooperation with the World Bank Group 2009-2013 (Draft)*, https://um.dk/~/media/um/danish-site/documents/danida/world%20bank%20-%20organisation%20strategy%202019-2023 (consulté le 21 mai 2021). [48]

Ministère des affaires étrangères du Danemark (2019), *The Government's Priorities for Danish Development Cooperation 2020: Expenditure Framework for Danish Development Cooperation, 2020-2023*, https://um.dk/en/danida-en/strategies%20and%20priorities/government-priorities---danish-development-assistance/. [11]

Ministère des affaires étrangères du Danemark (2018), *Strategy for Denmark's Engagement with The United Nations Development Programme 2018-2022*. [34]

Ministère des affaires étrangères du Danemark (2018), *Strategy for Denmark's Engagement with The United Nations Population Fund (UNFPA), 2018-2022*, https://www.ft.dk/samling/20181/almdel/URU/bilag/23/1959604.pdf. [35]

Ministère des affaires étrangères du Danemark (2018), *The Government's Priorities for Danish Development Cooperation 2019: Expenditure Framework for Danish Development Cooperation, 2019-2022*, https://um.dk/en/danida-en/strategies%20and%20priorities/government-priorities---danish-development-assistance/ (consulté le 26 avril 2021). [12]

Ministère des affaires étrangères du Danemark (2017), *The Government's Priorities for Danish Development Cooperation 2018*, https://um.dk/en/danida-en/strategies%20and%20priorities/government-priorities---danish-development-assistance/. [10]

Ministère des affaires étrangères du Danemark (2017), *The World 2030: Denmark's Strategy for Development Cooperation and Humanitarian Action*, https://um.dk/en/danida-en/strategies%20and%20priorities/. [8]

Ministère des affaires étrangères du Danemark (2016), *Guiding Principles for the Danish Climate Envelope*, https://amg.um.dk/en/programmes-and-projects/guiding-principles-climate-envelope/. [25]

Ministère des affaires étrangères du Danemark (2014), *Strategic Framework for Gender Equality, Rights and Diversity in Danish Development Cooperation*, https://amg.um.dk/en/policies-and-strategies/gender-equality/ (consulté le 26 avril 2021). [49]

Ministère des affaires étrangères du Danemark (2005), *Danish Climate and Development Action Programme*, http://www.netpublikationer.dk/um/5736/pdf/samlet.pdf. [16]

Ministère des affaires étrangères du Danemark ((à paraître)), *Denmark-Burkina Faso Strategic Framework 2021-2025*, http://www.um.dk. [52]

Ministère des affaires étrangères du Danemark (document non publié), *The Humanitarian-Development-Peace Nexus: How-to Policy Paper*. [39]

Nils Boesen a/s (2019), *Evaluation Study: Use of Organisation Strategies and Results Reporting for Danish Multilateral Partners*, Ministère des affaires étrangères du Danemark, Copenhague, https://um.dk/en/danida-en/results/eval/eval_reports/publicationdisplaypage/?publicationID=31E584BA-0FC2-4A41-AB6C-09F7E95AD1D2 (consulté le 25 avril 2021). [45]

Norfund (2018), *Investing Profitably in Somalia*, Norwegian Investment Fund for Developing Countries (Norfund), Oslo, https://www.norfund.no/investing-profitably-in-somalia/. [38]

OCDE (2021), *États de fragilité 2020*, Éditions OCDE, Paris, https://dx.doi.org/10.1787/0d344c87-fr. [36]

OCDE (2021), *Financement climatique fourni et mobilisé par les pays développés en 2013-2018*, Éditions OCDE, Paris, https://dx.doi.org/10.1787/ecd39bac-fr. [17]

OCDE (2021), *Montants mobilisés auprès du secteur privé (base de données)*, https://www.oecd.org/fr/cad/financementpourledeveloppementdurable/normes-financement-developpement/mobilisation.htm. [28]

OCDE (2021), « Produit intérieur brut (PIB) (indicateur) », https://doi.org/10.1787/dddb17ae-fr (consulté le 28 April 2021). [2]

OCDE (2021), *Système de notification des pays créanciers (base de données)*, https://stats.oecd.org/Index.aspx?DataSetCode=crs1. [51]

OCDE (2020), *Comment va la vie ? Danemark (page web)*, https://www.oecdbetterlifeindex.org/fr/countries/danemark-fr/ (consulté le 5 mai 2021). [3]

OCDE (2019), *Recommandation du CAD sur l'articulation entre action humanitaire, développement et recherche de la paix*, Éditions OCDE, Paris, https://legalinstruments.oecd.org/fr/instruments/OECD-LEGAL-5019. [33]

OCDE-CAD (2021), *Méthodologie des examens par les pairs réalisés par le CAD, mise à jour 2021*, Éditions OCDE, Paris, https://www.oecd.org/officialdocuments/publicdisplaydocumentpdf/?cote=DCD/DAC(2020)69/FINAL&docLanguage=Fr. [1]

O'Sullivan, F. (2020), *How Denmark's 'ghetto list' is ripping apart migrant communities*, https://www.theguardian.com/world/2020/mar/11/how-denmarks-ghetto-list-is-ripping-apart-migrant-communities. [59]

Parlement du Danemark (2020), *Climate Act*, https://en.kefm.dk/Media/1/B/Climate%20Act_Denmark%20-%20WEBTILG%C3%86NGELIG-A.pdf. [18]

Parlement du Danemark (2016), *Lov om ændring af lov om internationalt udviklingssamarbejde [Loi modifiant la Loi sur la coopération internationale pour le développement]*, https://amg.um.dk/en/policies-and-strategies/new-law-development-cooperation/. [7]

Particip; Overseas Development Institute (2021), *Evaluation of Danish Funding for Climate Change Mitigation in Developing Countries*, Ministère des affaires étrangères du Danemark, Copenhague, https://um.dk/en/danida-en/results/eval/eval_reports/publicationdisplaypage/?publicationID=8D52B5FA-EF23-438E-94FC-F73954ECC8C2. [32]

PEM Consult (2020), *Evaluation of the Danish Strategic Sector Cooperation*, Ministère des affaires étrangères du Danemark, Copenhague, https://um.dk/en/danida-en/results/eval/eval_reports/publicationdisplaypage/?publicationID=CBE77158-1D4D-46E3-A81F-9B918218FAFF. [26]

PEM Consult et Overseas Development Institute (2020), *Evaluation of Danish Support for Climate Change Adaptation in Developing Countries*, Ministère des affaires étrangères du Danemark, Copenhague, https://um.dk/en/danida-en/results/eval/eval_reports/publicationdisplaypage/?publicationID=A9CC034B-9F7B-4F61-B733-6F8370EC442B. [23]

Sharpe, S. et L. Wild (2021), *Opportunities and challenges for DAC members in 'adapting to context'*, Overseas Development Institute, Londres, https://odi.org/en/publications/opportunities-and-challenges-for-dac-members-in-adapting-to-context/ (consulté le 25 avril 2021). [44]

TJT Consulting (2020), *Evaluation Study: Recent Trends and Issues in Use of Personnel and Partnering for Development*, Ministère des affaires étrangères du Danemark, Copenhague, https://um.dk/en/danida-en/results/eval/eval_reports/publicationdisplaypage/?publicationID=D92A7CEA-F258-4C25-B104-91DC01F906D5 (consulté le 26 avril 2021). [15]

Notes

[1] L'approche adoptée par le Danemark pour pratiquer le développement autrement, officiellement adoptée en 2019, s'appuie sur le Manifeste de 2014 dont le Centre pour le développement international de l'Université Harvard s'est fait le fer de lance, disponible à l'adresse https://buildingstatecapability.com/the-ddd-manifesto/. Pour de plus amples informations sur les efforts déployés récemment par le Danemark pour déterminer si l'évaluation en temps réel impliquant de multiples acteurs peut permettre une gestion adaptative, voir https://um.dk/en/danida-en/results/eval/eval_reports/publicationdisplaypage/?publicationID=4021B051-AA99-4F26-84B5-4792616D45E4.

[2] Le Danemark a récemment signé un protocole d'accord avec le Rwanda dans le domaine de l'asile et des migrations, qui fait référence à la vision du gouvernement danois selon laquelle le traitement des demandes d'asile devrait avoir lieu en dehors de l'UE. Voir https://um.dk/da/~/media/um/danish-site/documents/danida/mou%20on%20asylum%20and%20migration%20issues%20between%20rw%20and%20dk.pdf.

[3] La part d'APD dans le budget du Danemark relatif aux migrations comprend des contributions au budget central de l'Organisation internationale pour les migrations ainsi que des financements pour le rapatriement et la gestion des frontières, au niveau bilatéral mais aussi par le canal du Fonds fiduciaire d'urgence de l'Union européenne pour l'Afrique. À titre d'illustration, au titre du budget d'APD 2021, le gouvernement a alloué 45 millions DKK (6.75 millions USD) pour mener à bien deux projets dans les Balkans occidentaux en vue de renforcer les contrôles aux frontières et de promouvoir le rapatriement des migrants en situation irrégulière et des demandeurs d'asile déboutés.

[4] La stratégie d'action climatique mondiale pour 2020 est une initiative très large qui s'applique à l'administration publique et de nombreux secteurs. Elle prévoit la réduction des émissions, l'adaptation et l'écologisation des flux financiers au service de la transition écologique des gros émetteurs et du développement durable des pays à faible revenu. Elle combine des actions menées aux échelles des Nations Unies, de l'Union européenne, des pays nordiques et des acteurs non gouvernementaux, et s'intéresse aux synergies entre transition écologique, changement climatique et réalisation d'autres ODD tels que l'ODD 5 (égalité entre les sexes) et l'ODD 8 (travail décent et croissance économique).

[5] Ces pourcentages d'émissions nettes totales sont calculés suivant la méthodologie de la Convention-cadre des Nations Unies sur les changements climatiques.

[6] Les budgets alloués chaque année à l'enveloppe pour l'action climatique ont été les suivants : 500 millions DKK (75 millions USD), dont 25 millions DKK (3.8 millions USD) de coûts administratifs, en 2012-15 ; 300 millions DKK (45 millions USD) en 2016-17 ; 350 millions DKK (53 millions USD) en 2018 ; 540 millions DKK (81 millions USD) en 2019 ; 600 millions DKK (90 millions USD) en 2020 ; et 677.5 millions DKK (102 millions USD) en 2021.

[7] Entre 2013 et 2018, les financements engagés dans le cadre du mécanisme d'enveloppe pour l'action climatique se sont répartis comme suit : 13 % pour l'adaptation au changement climatique, 38 % pour l'atténuation du changement climatique, et 41 % pour des initiatives transversales.

[8] Au niveau opérationnel, seules les lignes directrices sur la gestion de l'aide exigent une évaluation des risques pour la croissance durable, le changement climatique et l'environnement dans le cas de nouveaux engagements supérieurs à 10 millions DKK (1.5 million USD).

[9] La part de l'APD bilatérale ventilable totale axée sur le double objectif d'atténuation et d'adaptation a été de 13 % en 2016, 12 % en 2017, 18 % en 2018 et 31 % en 2019. Dans le même temps, la moyenne des pays du CAD était de 26 % en 2016, 25 % en 2017, 26 % en 2018 et 27 % en 2019. Voir aussi le profil du Danemark dans les Profils de la coopération pour le développement publiés par l'OCDE en 2021, à l'adresse https://doi.org/10.1787/9b82a2f6-fr.

[10] Les missions du front vert du Danemark se trouvent à Pretoria, Mexico, Brasilia, Washington, Abu Dhabi, Nairobi, Le Caire, Londres, New Delhi, Hanoï, Djakarta, dans la mission du Danemark auprès des Nations Unies à New York, à Beijing, Séoul, Tokyo et Addis Abeba, ainsi qu'au sein de sa représentation auprès de l'UE à Bruxelles et à Berlin, Rome et Paris. Les partenariats stratégiques verts ont été noués avec la République populaire de Chine, l'Indonésie, le Japon, la Corée et le Mexique. Le gouvernement danois travaille sur de nouveaux partenariats de ce type avec l'Inde et l'Afrique du Sud.

[11] Le Fonds danois d'investissement dans les ODD fournit des conseils et du capital-risque à l'appui de projets concernant le climat, l'économie agricole et l'alimentation, le secteur financier, l'eau, la production et l'infrastructure.

[12] La note d'orientation sur l'adaptation au changement climatique est un document interne non publié qui décrit les domaines et secteurs prioritaires dans lesquels le Danemark a la possibilité d'intensifier ses efforts en faveur de l'adaptation. Elle propose un certain nombre de messages destinés à figurer dans la prochaine stratégie de développement.

[13] Le rapport d'évaluation préalable sur le programme bilatéral 2021-25 relatif au Burkina Faso (non publié) observe que l'adaptation au changement climatique, même si elle figure dans le programme-pays, devrait y être intégrée de façon plus explicite. Le rapport note en particulier que les activités pertinentes dans l'optique de l'adaptation devraient être plus clairement prioritaires et que le système de suivi et d'évaluation doit être développé pour permettre le suivi des résultats sur le front du changement climatique.

[14] La part moyenne de l'aide bilatérale ventilable ciblant la biodiversité est passée de 4.1 % en 2016-17 à 1.5 % en 2018-19. La part moyenne ciblant la désertification est passée de 3.4 % en 2016-17 à 1.6 % en 2018-19. Pour plus d'informations, voir le profil du Danemark dans les Profils de coopération pour le développement publiés par l'OCDE en 2021, à l'adresse https://doi.org/10.1787/5cd4ba84-fr.

[15] La capacité du Danemark à produire des avantages connexes par son action en faveur de l'adaptation au changement climatique et de la prévention des conflits est illustrée entre autres par le soutien sectoriel qu'il apporte de longue date à la gestion intégrée des ressources en eau au Burkina Faso, en coordination avec la Suède et l'UE. Voir l'évaluation du soutien du Danemark à l'adaptation au changement climatique dans les pays en développement qui a été réalisée par PEM Consult et l'Overseas Development Institute (2020[23]), à l'adresse https://um.dk/en/danidaen/results/eval/eval_reports/publicationdisplaypage/?publicationID=A9CC034B-9F7B-4F61-B733-6F8370EC442B.

[16] Deux ans à peine après le début de sa mise en œuvre, la Recommandation du CAD sur l'articulation entre action humanitaire, développement et recherche de la paix peut être considérée comme un idéal, et des travaux sont en cours pour élaborer une méthodologie d'évaluation. Un rapport d'étape est prévu pour fin 2021.

[17] L'approche DDD du Danemark est exposée dans les lignes directrices sur la gestion de l'aide pour les cadres stratégiques, les programmes et les projets pour les pays et les lignes directrices pour la gestion du soutien alloué par le Danemark au budget central (y compris selon des critères souples) d'organisations multilatérales et internationales. Ces dernières lignes directrices ont été révisées en 2020 afin d'y intégrer des initiatives DDD ; des initiatives de suivi des résultats, de rédaction de rapports et d'apprentissage ; des processus et des procédures simplifiés ; et des définitions claires des fonds préaffectés selon des critères souples et des accords de partenariat stratégique.

[18] Les lignes directrices peuvent être consultées dans leur intégralité dans le document intitulé Guidelines for Management of Danish Core (including Soft Earmarked) Support to Multilateral and International Organisations.

[19] Voir le profil du Danemark dans les Profils de coopération pour le développement publiés par l'OCDE en 2021, à l'adresse https://doi.org/10.1787/5cd4ba84-fr.

[20] Le Partenariat CDN collabore directement avec les administrations nationales, les institutions internationales, la société civile, les chercheurs et le secteur privé pour accélérer les actions en faveur du climat et du développement, définies dans les contributions déterminées au niveau national (CDN) – la stratégie de chaque pays afin de réduire ses propres émissions de gaz à effet de serre et d'accroître sa résilience face aux répercussions négatives du changement climatique. Pour en savoir plus, voir https://ndcpartnership.org/about-us.

[21] Le Danemark a signé un protocole d'accord avec le Rwanda dans le domaine de l'asile et des migrations, qui fait référence à la vision du gouvernement danois selon laquelle le traitement des demandes d'asile devrait avoir lieu en dehors de l'UE ». Voir https://um.dk/da/~/media/um/danish-site/documents/danida/mou%20on%20asylum%20and%20migration%20issues%20between%20rw%20and%20dk.pdf. En juin 2021, le parlement danois a adopté une loi qui autorise le traitement des demandes d'asile dans un pays tiers, décision qui a déclenché une couverture médiatique négative. Voir par exemple https://www.reuters.com/world/europe/denmark-agrees-law-deport-asylum-seekers-outside-europe-2021-06-03/.

Annexe A. Progrès réalisés dans la mise en œuvre des recommandations de l'examen par les pairs de 2016

Vers un effort global du Danemark à l'appui du développement

Recommandations formulées en 2016	Progrès réalisés depuis 2016
1.1. Afin de concrétiser sa vision pour l'Agenda 2030, le Danemark devrait améliorer la compréhension de l'ensemble de l'administration quant aux implications de son engagement à veiller à ce que ses politiques publiques ne soient pas en contradiction avec les objectifs de développement durable.	Partiellement mise en œuvre Progrès au regard du plan d'action interministériel et coordination de la mise en œuvre des Objectifs de développement durable (ODD).
1.2. Conformément à son plan d'action de 2014, le Danemark est encouragé à rendre publiquement compte des succès et difficultés à faire en sorte que ses politiques intérieure et étrangère soient propices au développement.	Partiellement mise en œuvre Avancées au regard du suivi des progrès globaux accomplis sur la voie de la concrétisation des ODD et de la reddition de comptes au Parlement.[1]
1.3. Dans le cadre de ses instruments à destination du secteur privé, le Danemark devrait poursuivre ses efforts pour mettre en place un nombre limité d'instruments, à grande échelle, qui répondent aux demandes exprimées par le secteur privé et disposant d'objectifs clairement définis en matière de développement.	Mise en œuvre Déliement du Fonds d'investissement pour les pays en développement (IFU) ; création du SDG Fund.
1.4. Le Danemark devrait chercher à déterminer comment mieux faire état de l'additionnalité des instruments du secteur privé, et de leur rendement, dans les pays en développement.	Partiellement mise en œuvre L'additionnalité de l'IFU a été étudiée lors d'une évaluation effectuée en 2019, et des discussions sont en cours pour faire état du caractère additionnel.

Vision et politique en matière de coopération pour le développement

Recommandations formulées en 2016	Progrès réalisés depuis 2016
À l'heure où le Danemark révise sa stratégie de coopération pour le développement, il devrait : 2.1. Préciser comment il s'appuiera sur les Objectifs de développement durable pour orienter sa coopération pour le développement tout en préservant l'axe pro-pauvres de ses activités financées par l'APD.	Partiellement mise en œuvre La législation a été révisée en 2017 ; *Le monde à l'horizon 2030* est en totale conformité avec les ODD et une nouvelle stratégie doit être publiée en 2021 ; l'orientation pro-pauvres n'est pas explicitement préservée.
2.2. Au sein des nouvelles priorités, définir des objectifs et des critères opérationnels permettant de hiérarchiser les activités et d'orienter la sélection des pays partenaires et des instruments de financement.	Partiellement mise en œuvre Trois ensembles de décisions cadres de référence.
2.3. Réitérer les principes du soutien du Danemark aux organisations multilatérales et aligner ses dotations de financement sur ses objectifs.	Partiellement mise en œuvre La raison d'être de chaque entité est présentée dans les stratégies relatives aux organisations ; il n'y a pas de stratégie globale.

Volume et répartition de l'aide

Recommandations formulées en 2016	Progrès réalisés depuis 2016
3.1. Le Danemark est encouragé à prendre la pleine mesure de l'impact qu'a la réorientation de son APD au bénéfice de la prise en charge des coûts des réfugiés. Cette réorientation affecte la prévisibilité du programme de coopération pour le développement du Danemark, qui vise à réduire la pauvreté dans les pays en développement.	Mise en œuvre Le mécanisme d'équilibrage mis en place en 2017 accroît la prévisibilité et plafonne le coût des réfugiés dans le pays donneur.
3.2. Lors du choix des dotations multilatérales, le Danemark, au même titre que les autres bailleurs, devrait prendre en considération l'impact des contributions aux budgets centraux par rapport aux contributions extrabudgétaires sur la capacité de ces organisations à s'acquitter de leur mandat.	Mise en œuvre Poursuite de l'action mobilisatrice en faveur du financement des budgets centraux ; évolution d'une préaffectation au niveau de projets vers une préaffectation thématique, régionale ou au niveau de programmes.

Organisation et gestion

Recommandations formulées en 2016	Progrès réalisés depuis 2016
4.1. Une fois sa nouvelle stratégie publiée, le Danemark tirerait avantage à évaluer si sa nouvelle organisation est adaptée à son objet.	Partiellement mise en œuvre Les structures ont été repensées en fonction de la réflexion menée ; les effectifs sont encore contraints.

Mise en œuvre de la coopération pour le développement et partenariats

Recommandations formulées en 2016	Progrès réalisés depuis 2016
5.1. Le Danemark devrait accélérer ses processus de programmation pour assurer une mise en œuvre dans les délais, notamment dans les États fragiles.	Partiellement mise en œuvre Les processus ne sont pas plus rapides, mais les dons sont plus souples et à plus longue échéance ; les processus de programmation par pays ont été rationalisés, l'accent étant davantage mis sur la phase de mise en œuvre.
5.2. Le Danemark devrait poursuivre ses efforts pour renforcer l'évaluation des risques afin d'étayer la programmation. Il devrait en particulier sélectionner ses partenaires sur la base d'une évaluation en profondeur des risques institutionnels.	Mise en œuvre Les systèmes de gestion des risques et les mécanismes d'alerte ont été actualisés et renforcés.
5.3. Le Danemark devrait déterminer quels sont les moyens efficaces de promouvoir une participation du secteur privé sans augmenter la part de l'aide liée.	Mise en œuvre Les investissements de l'IFU sont désormais non liés.

Résultats et redevabilité

Recommandations formulées en 2016	Progrès réalisés depuis 2016
6.1. Le Danemark devrait poursuivre ses efforts pour faire un lien entre la mesure des résultats des programmes avec les indicateurs de développement nationaux, ce qui permettrait de mieux étayer ses décisions stratégiques.	Partiellement mise en œuvre De nombreux résultats au niveau des programmes sont liés à des plans nationaux et à des indicateurs nationaux ou mondiaux à haut niveau, mais il n'est pas aisé de déterminer s'ils sont effectivement utilisés pour étayer les décisions stratégiques.
6.2. Le Danemark devrait consolider son système de gestion des connaissances afin de capitaliser sur les connaissances produites sur le terrain et par ses partenaires, y compris les organisations de la société civile, et renforcer le partage de l'information.	Partiellement mise en œuvre L'approche consistant à Pratiquer le développement autrement favorise l'apprentissage ; le mandat du Conseil sur la politique de développement et les pôles thématiques de plusieurs organisations non gouvernementales permettent des réflexions stratégiques.

6.3. Afin de restaurer l'adhésion de la population, le Danemark devrait s'efforcer de mieux communiquer sur l'interdépendance entre les intérêts danois, les objectifs de développement et les biens publics mondiaux dans un cadre global, tout en continuant de faire entendre la voix de la coopération pour le développement.	Mise en œuvre La stratégie et la communication énoncées dans *Le Monde à l'horizon 2030* fondées sur les ODD relient les intérêts nationaux et internationaux du Danemark ; la communication est de plus en plus ciblée sur les différents segments de la société.

Aide humanitaire

Recommandations formulées en 2016	Progrès réalisés depuis 2016
7.1. Le Danemark devrait veiller à ce que ses travaux de fond sur la cohérence action humanitaire/développement soient soutenus par des financements adéquats ciblant à la fois des activités humanitaires et des activités de développement.	Partiellement mise en œuvre Le Danemark utilise ses financements pour promouvoir les approches axées sur l'articulation action humanitaire/développement auprès des partenaires humanitaires à l'échelle mondiale, et auprès des partenaires au développement au niveau des pays. Des disparités demeurent dans certains contextes entre ces deux axes de financement.
7.2. Le Danemark devrait renforcer la mesure des réalisations et de l'impact afin d'alimenter et de renforcer ses travaux de fond.	Partiellement mise en œuvre

Annexe B. Organisations consultées lors de l'examen par les pairs

1. Aarhus University
2. Agence danoise de l'énergie
3. Agence des États-Unis pour le développement international (USAID) (Nairobi)
4. Ambassade d'Allemagne (Nairobi)
5. Ambassade de Norvège (Nairobi)
6. Ambassade de Suède (Nairobi)
7. Ambassade de Suisse (Nairobi)
8. Ambassade des Pays-Bas (Nairobi)
9. Ambassades danoises au Burkina Faso, en Ethiopie, au Kenya, au Mali ,en Ouganda, en Somalie, en République-Unie de Tanzanie
10. Association danoise de planification familiale
11. Bureau des Nations Unies pour la coordination des affaires humanitaires (OCHA)
12. CARE Denmark
13. Comité international de la Croix-Rouge (CICR)
14. Commission des Affaires étrangères du Parlement danois
15. CONCITO
16. Confédératoin des industries danoises
17. Conseil danois pour la jeunesse
18. Conseil danois pour la politique de développement
19. Conseil danois pour les réfugiés
20. DanChurchAid
21. Danmission
22. Délégation de la Commission européenne (Nairobi)
23. Délégation du Danemark auprès de l'OCDE
24. Department of Economics, University of Copenhagen
25. Department of Politics and Society, Aalborg University
26. DIGNITY
27. Disabled People's Organisations Denmark (DPOD)
28. Elman Center
29. Fonds central pour les interventions d'urgence des Nations Unies (CERF)
30. Fonds des Nations Unies pour l'enfance (UNICEF)
31. Fonds Mondial de lutte contre le SIDA, la tuberculose et le paludisme
32. Front Line Defenders

33. Global Health Section, University of Copehagen
34. Globalt Fokus
35. Groupe de la Banque mondiale
36. Haut-Commissariat des Nations Unies aux droits de l'homme (HCDH)
37. IFU (Danish Development Finance Institute)
38. IIDA Women's Development Organisation, Somalie
39. Initiative pour le commerce durable (IDH)
40. Institut danois des droits humains
41. Institut dansois d'études internationales
42. International Media Support
43. Marginalized Communities Advocate
44. Migration Management Advice
45. Ministère danois des Affaires étrangères à Copenhague
46. Ministère de la Défense (Danemark)
47. Ministère des Finances (Danemark)
48. Ministère du Climat, de l'énergie et des services publics (Danemark)
49. Mission d'assistance des Nations Unies en Somalie (MANUSOM)
50. Office des Nations Unies contre la drogue et le crime (ONUDC)
51. OXFAM IBIS
52. PNUD Joint Programme on Local Government, Somalie
53. Police nationale du Danemark
54. Programme alimentaire mondial (PAM)
55. Programme des Nations Unies pour le développement (PNUD)
56. Représenations permanentes du Danemark auprès des agences des Nations Unies à Rome et New York
57. Sahan
58. Save the Children Denmark
59. Save the Children in Somalia
60. Shuraako
61. Société financière internationale (SFI)
62. Somali Women and Children Cluster
63. Somali Women Development Centre (SWDC)
64. Somalia Stability Fund
65. Somalie, Ministère de la Planification, de l'investissement et du développement économique
66. Somaliland, Ministère de la Planification
67. Tadamun Social Society (TASS), Somalia
68. The Danish Agriculture & Food Council
69. The Poul Due Jensen Foundation (Grundfos)
70. Women's Action Advocacy Progress Organisation (WAAPO), Somalie
71. World Bank Multi Partner Trust Fund for Somalia